ullstein

Das Buch

Die deutsche Autorin und Journalistin Annette Birschel lebt seit über fünfzehn Jahren unter Holländern und weiß: Das Leben hinter den Deichen hat seine besonderen Tücken. Man macht sich zum Beispiel äußerst verdächtig, wenn man Gardinen im Wohnzimmer aufhängt. Bei Geburtstagsfeiern sollte jeder Gast nur ein Stück Kuchen essen (und wirklich nur eins!). Und *Sinterklaas*, der holländische Nikolaus, kommt schon Mitte November in den Niederlanden an – und zwar auf einem Dampfschiff. Die Niederländer sind anders, als wir Deutschen denken, und dennoch sind sie uns ähnlich. Davon erzählt Annette Birschel. Es ist die Geschichte einer Liebe auf den zweiten Blick.

Die Autorin

Annette Birschel, geboren 1960 in Braunschweig, aufgewachsen in Bremen, lebt seit vielen Jahren als freie Korrespondentin in Amsterdam und arbeitet für deutsche Medien, unter anderem für den *WDR Hörfunk* und den *Deutschlandfunk*.

Annette Birschel

Mordsgouda

Als Deutsche
unter Holländern

Ullstein

Besuchen Sie uns im Internet:
www.ullstein-taschenbuch.de

MIX
Papier aus verantwortungsvollen Quellen
FSC® C006701

Originalausgabe im Ullstein Taschenbuch
1. Auflage Juli 2011

Umschlaggestaltung und Gestaltung
des Vor- und Nachsatzes: Sabine Wimmer, Berlin
Titelillustration: © Isabel Klett
Satz: LVD GmbH, Berlin
Papier: Munken Print Cream von Arctic Paper GmbH
Druck und Bindearbeiten: CPI – Ebner & Spiegel, Ulm
Printed in Germany
ISBN 978-3-548-28201-5

Prolog

Irgendetwas war anders, das konnte ich riechen. Schon auf der Treppe. Fett. Der typische Amsterdamer Freitagabendgeruch. Und richtig, im Esszimmer von Jan und Hetty stand mitten auf dem Tisch die Fritteuse.

Eigentlich war das nichts Außergewöhnliches. So war es seit Jahren, jeden Freitag, wenn wir uns bei unseren Freunden zum *borrel* trafen mit Kind und Kegel, Mann und Maus. Den Mann gab es in meinem Leben zwar nicht mehr, aber die Tradition dieses geselligen Umtrunks zum Wochenabschluss war geblieben. Nun erklommen nur noch mein Sohn Marten und ich freitags um 18 Uhr die steile Treppe in den dritten Stock.

Sonst hatte sich eigentlich nichts geändert – nur dass die Fritteuse verschwunden war. Wahrscheinlich verstaubte sie im Schrank auf dem Boden. Obwohl, ich bin mir nicht sicher, ob Hetty und Jan nicht klammheimlich den Apparat hervorholten, wenn wir wieder abgezogen waren, um spätnachts doch noch in den Genuss der ein oder anderen kleinen Schweinerei zu kommen.

Denn was ist schon ein echter niederländischer Freitagabend-*borrel* ohne Fett: kleine Frühlingsröllchen, *loempias,* dicke *kroketten* und *bitterballen*. Immer wenn es gesellig werden soll, holt der Holländer die Fritteuse aus dem Schrank. Ob das nun auf dem Bauernhof in Drenthe ist, nach einem Gipfeltreffen in Den Haag oder eben im dritten Stock eines Wohnhauses in Amsterdam-Süd: zum stilvollen Abschluss einer Arbeitswoche gehört nun mal Frittiertes. Je fetter, desto geselliger.

In den letzten Wochen schien diese Art der Geselligkeit allerdings unangebracht gewesen zu sein, beinahe pietätlos, mussten sich meine Freunde gedacht haben. Schließlich war ich ja ein Häufchen Elend, glaubten sie zumindest, und so fütterten sie mich mit kalten italienischen Häppchen und Crackern mit französischem Weichkäse. Was mir zugegebenermaßen nicht ganz ungelegen kam.

Dazu schenkten sie mir einen guten alten Jenever ein, oder auch zwei. Der Aschenbecher stand in Reichweite, und es gab keine missbilligenden Blicke, wenn ich mal wieder zum Feuerzeug griff. Auch das war eine nicht zu verachtende Nebenwirkung meines neuen Status der Frisch-Entliebten.

Diese Phase schien nun unwiederbringlich vorbei zu sein. Das konnte ich zuerst riechen und dann auch sehen. Die Flasche Jenever stand nicht mehr vor meinem Teller, der Aschenbecher war auch nicht zu sehen. Und statt Provolone und Parmaschinken lagen nun blässlich-graue Röllchen, Bällchen und Stäbchen auf dem Tisch, und mittendrin stand die Fritteuse. Es sollte also wieder gesellig werden.

Marten hatte sich gleich zu seinen Freunden ins Wohnzimmer verzogen. In der einen Ecke des Sofas hing bereits Piet, seine langen Beine quer über den Couchtisch gelegt, in den Ohren die Stöpsel seines iPods. Und in der anderen lümmelte sein zehnjähriger Bruder Jip. Er hatte seine blonden Haare mit viel Gel straff nach hinten gekämmt, vermutlich in der Hoffnung, mindestens so erwachsen auszusehen wie die beiden anderen. Die waren immerhin schon zwölf.

Dazwischen saß nun also Marten in seinem rot-weißen Ajax-Amsterdam-Shirt. Mit seinen blonden Locken und den neiderregend langen Wimpern hätte man ihn glatt für einen Klon vom kleinen Lord halten können. Das funktionierte allerdings höchstens bei kurzsichtigen alten Damen.

Einträchtig stopften die drei Chips in sich hinein, tranken Cola und starrten gebannt auf den Fernseher, wo sich sprechende Mäuse mit gemeinen, aber dummen Katzen herumschlagen mussten. Sie schenkten mir einen kurzen und glasigen Blick, als ich hereinsah, murmelten kurz »Hallo« und wandten sich dann wieder den wichtigeren Dingen des Lebens zu.

Im Esszimmer stand Jan am Tisch und frittierte. Über seiner Jeans wölbte sich ein kleiner Bauch, von der Hitze der Fritteuse klebte das rotblonde Haar an seinem Kopf und war sein ohnehin etwas rosiges Gesicht nun fast schon rot. Mit seligem Lächeln warf er gekonnt ein paar panierte Fleischbällchen, *bitterballen*, in das kochende Fett. Dann holte er so einfühlsam, wie er sonst acht Stunden am Tag gefährliche Viren und Spam aus den Computern des Verkehrs- und Wasserministeriums fischte, lange, graue, fingerdicke Wurststengel aus ihrer Plastikhülle. *Frikandellen.* Als ich das Wort zum ersten Mal hörte, dachte ich an saftige dicke Buletten und bestellte gleich eine. Das kleine ›n‹ mitten in dem Wort hatte ich überhört. Den Fehler macht man nur einmal.

Was in so einer *frikandel* drin ist, weiß keiner so genau, und es will auch keiner wissen. Aus gutem Grund. Es ist wohl irgendeine Mischung aus Kuheutern und Kalbsgedärmen, angereichert mit feingeraspelten Schweineohren, naturidentischen, EU-geprüften Aromastoffen und Geschmacksverstärkern. Das wird dann in der Fabrik zu den langen viereckigen Stäben gepresst, die die Niederländer so unglaublich glücklich machen können. 600 Millionen *frikandellen* essen sie im Jahr, nicht ohne sie zuvor in Ketchup und Mayonnaise zu ertränken.

Zwei dieser Monster hielt Jan nun in den Händen und küsste mich: links, rechts, links, ein Küsschen auf die Wange. »*Welkom*, wir frittieren heute.«.

Na, das war ja schließlich nicht zu übersehen.

»*Gezellig*, oder?«

Zwölf Jahre Niederlande hatten mich gelehrt, dass es auf diese Frage nur eine Antwort gibt: »Sehr gesellig, sicher.«

»Wir haben auch *kaassoufflés*.«

Jan zeigte auf die kleinen viereckigen Teigpäckchen, die mit einer entfernt nach Käse schmeckenden Paste gefüllt sind und mit einem Soufflé so viel gemein haben wie der Papst mit Silvio Berlusconi. Dabei lächelte er so glückselig, dass ich auf einmal alles verstand: Der Verzicht auf frittierte Häppchen am Freitagabend musste für Jan und Hetty eine große Entbehrung gewesen sein. Und das nur meinetwegen! Ich spürte eine ungeheure Welle der Zärtlichkeit für meine Freunde aufkommen.

Wenn sie nun der Meinung waren, dass meine Zeit als klagendes Opfer vorbei sein sollte, dann war das gut so. Um ehrlich zu sein, ich hatte die kleinen *bitterballen* eigentlich auch vermisst. Die sind nämlich alles andere als bitter und heißen auch nur deswegen so, weil man sie früher zu einem Gläschen Kräuterbitter aß.

»Und? Hattest du eine schöne Woche?«, begrüßte Hetty mich munter, als sie aus der Küche kam, in den Händen die Schüssel mit den Fritten. Zur Begrüßung braucht man die auch nicht unbedingt. Die Hände natürlich. Der Niederländer küsst. Links, rechts, links.

Hetty hatte ihre langen braunen Haare straff zu einem Pferdeschwanz gebunden und ihre Brille halb auf die Nase herabgeschoben. Fast ähnelte sie meiner Handarbeitslehrerin, hätten da nicht dicke Perlen lustig von ihren Ohren gebaumelt. Jetzt stellte sie die Pommes auf den Tisch und arrangierte Ketchup und Mayonnaise drum herum. Wir setzten uns.

»Nun sag mal«, meine Freundin sah mich mit ihren Schokoladenaugen auffordernd an, »was tust du jetzt? Gehst du zurück nach Deutschland?«

Um ihre Direktheit habe ich sie immer schon beneidet. Ohne Umschweife und überflüssigen Schnickschnack steuert sie auf ihr Ziel zu. Es ist ja auch außerordentlich zeitsparend.

»Nein, wieso? Warum sollte ich denn zurück?« Ich war verwirrt.

Die Balkontür stand halb offen, so dass einem die feuchte Kälte lustig in die Knochen kriechen konnte, die Kinder saßen mit Chips und Cola gemütlich vor dem Fernseher. Und ich steckte mir gerade einen heißen *bitterbal* in den Mund. Sehnsucht nach der Heimat hatte ich absolut nicht. Warum auch?

»Na, wo du jetzt keinen Mann mehr hast.«

»Was? Bin ich etwa nichts ohne Mann?«, schnaubte ich. »Eine Frau ohne Mann ist wie ein Fisch ohne Fahrrad.«

Ich war richtig stolz, dass mir just in diesem Moment der Emanzenklassiker eingefallen war. Nur – das hätte ich wissen müssen – dieses Argument prallte an Hetty ab wie eine Sturmböe an den Betonlocken von Königin Beatrix.

Nicht, dass meine Freundin ein Hausmütterchen wäre. Im Gegenteil.

Hetty ist Managerin, eine absolute Karrierefrau. Selbst

an einem Freitagabend kann sie beinah verklärt von ihrer Arbeit sprechen, als könne sie den Montag und die Aussicht auf eine neue, vollgepackte 40-Stunden-Woche gar nicht erwarten. Nur verbindet sie mit Feminismus eben lila Latzhosen und BH-Verbrennungen vor dem Monument für die Opfer von Krieg und Gewalt auf dem Amsterdamer Dam, dem Platz mitten in der City.

»Das ist Quatsch. Sonst würdest du nämlich jetzt nicht hier sitzen.« Hetty blieb nüchtern und ungemein logisch, wie immer. »Schließlich bist du wegen eines Mannes hierhergekommen. Und jetzt ist der weg. Also kann es gut sein, dass du auch gehst.«

Genau in diesem Moment blieb mir der *bitterbal* im Halse stecken. Das heißt, die eine Hälfte. Die andere Hälfte fiel mir aus dem Mund, und das heiße Kalbfleischragout tropfte über meine linke Hand auf den blank polierten Esstisch.

»*Shit*«, sagte ich, und dann selbstverständlich gleich »*Sorry*« hinterher.

Beides sind ungemein wichtige Wörter.

Holländer lieben Schimpfwörter, vor allem, wenn sie die weiblichen und männlichen Geschlechtsteile umschreiben. Das sagt sich so *lekker*. Und *sorry* sagen sie sowieso immer. Wenn sie einem die Ladentür vor der Nase zupfeffern zum Beispiel. *Sorry* hat nichts, aber auch gar nichts mit ›Entschuldigung‹ zu tun. *Sorry* heißt so viel wie ›dumm gelaufen‹.

Und nun war ja wirklich etwas dumm gelaufen. Nicht nur, dass ich den Tisch meiner Freunde bekleckert hatte. Ich hatte mich zudem wieder mal zu einem emotionalen Ausbruch hinreißen lassen, hatte beinahe eine Grundsatzdebatte über den Wert der Frau in einer von Männern dominierten Welt vom Zaun gebrochen. Und nichts ist den Niederländern verhasster als heftige Streitgespräche an ihrem heiligen Freitagabend-*borrel*. Wer das tut, ist ungesellig.

Jan schlug mir kräftig mit der Hand auf den Rücken.

»Allmählich solltest du doch einen *bitterbal* essen können«, sagte er munter.

Ich hustete noch immer, mein Gesicht war knallrot und die Wimperntusche verschmiert.

»Ja, kann ich auch«, krächzte ich. »Sogar beim Neujahrsempfang von Königin Beatrix.« Ich trank einen Schluck Wein und der halbe *bitterbal* rutschte endlich dorthin, wo er schon längst hätte sein sollen. »Da passiert mir das nie. Da kann ich *bitterballen* vom Silbertablett nehmen, in Senf dippen und formvollendet verspeisen. Häppchen für Häppchen. Ohne zu kleckern. Und dabei kann ich auch noch mit dem charmanten Pressesprecher der Dame das deutsch-niederländische Verhältnis erörtern.«

Doch was ich absolut nicht kann, musste ich im Stillen zugeben, ist einen *bitterbal* essen und dabei angemessen auf eine typisch holländisch-direkte Frage antworten. Warum konnte ich auf eine direkte Frage nicht einfach eine ebenso direkte Antwort geben, ohne Hintergedanken zu vermuten, die die Holländer nun mal meistens nicht haben?

»Das mit dem Kleckern nehm ich dir nicht ab«, sagte Hetty und wischte den Tisch sauber. »Aber alles andere glaube ich dir aufs Wort. Reden kannst du immer.«

Ich nickte zerknirscht. »Es tut mir leid, ich wollte nicht so heftig …«

»Ist schon gut«, unterbrach mich Hetty. »Wir kennen dich ja allmählich.« Sie grinste frech und legte noch ein paar *bitterballen* auf meinen Teller. »Warum musst du gleich aus allem eine Prinzipienfrage machen?«

Ich nickte beschämt. Ich war meinem Ruf der streitsüchtigen Deutschen mal wieder mehr als gerecht geworden.

»Aber wie ist es denn nun? Gehst du zurück nach Deutschland, ja oder nein? Schließlich bist du für einen Mann hierhergekommen. Ohne den Friesen säßest du doch gar nicht an diesem Tisch.«

Hetty war nicht nur unerbittlich, sondern hatte auch noch recht. Der ›Friese‹, wie ich meinen Exmann nenne, hatte mich schließlich vor zwölf Jahren überhaupt hierhergebracht.

»Es hat ihn aber nicht viel Mühe gekostet, mich zu überzeugen. Amsterdam ist ja nicht gerade Salzgitter oder Islamabad«, protestierte ich leicht. »Außerdem bin ich kein Einzelfall. Jedes Jahr kommen schließlich Tausende von deutschen Frauen in die Niederlande, nur der Liebe wegen. Zwischen unseren Ländern verläuft die erotischste Grenze Europas.«

Jan sah mich auf einmal äußerst interessiert an.

»Und es sind längst nicht nur Deutsche«, sagte ich noch mit leichtem Triumph. »Denkt mal an Prinzessin Maxima. Die ist ja auch nicht wegen der Tomaten oder des überreifen Goudas in ein Land gezogen, das jederzeit von einer Flutwelle überrollt werden kann.«

»Maxima hat aber noch einen Mann, und du nicht.«

Das saß.

»Ohne Mann ist es ungesellig«, sagte Hetty.

Gesellig, da war das drohende Wort wieder. Ich wusste, dass ich nun meinen Mund halten musste.

Jan nickte zustimmend. »Oder hast du jetzt die Nase voll von holländischen Männern?«

Er klang doch leicht besorgt. Aber das sind Männer ja schnell, wenn es einem von ihrer Sorte an den Kragen geht.

»Nein, nein«, beruhigte ich ihn. »Der Friese war ein Einzelfall. Ich liebe Männer, und holländische ganz besonders.«

Jan wirkte erleichtert.

»Aber brauche ich unbedingt einen Mann, um weiterhin gesellig in Amsterdam zu leben?«

»Natürlich«, meinte Hetty. »Außerdem wird es Winter, und dann hast du es kalt im Bett.«

Ich murmelte etwas von einer Wärmflasche. Jan sah schon wieder etwas besorgt aus.

Als ich mir später am Abend zu Hause die letzten Reste der *bitterballen* von den Zähnen schrubbte, überdachte ich meine Lage. Irgendwie hatten Jan und Hetty ja recht. Ich hatte mir damals den Mann ausgesucht, nicht aber das Land. Musste ich mich nun nach zwölf Jahren auch von dem Land scheiden lassen und in die Heimat zurückkehren? Wenn es nach Jan und Hetty ginge, hatte ich wohl kaum eine Wahl, zumindest wenn ich mein bisheriges nettes holländisches Leben weiterführen wollte.

»Das wäre ja wohl gelacht«, sagte ich kämpferisch zu meinem Spiegelbild. »Dann lieber Fisch ohne Fahrrad.«

Doch das unbehagliche Gefühl verschwand nicht.

Wahrscheinlich auch deswegen, weil der Vergleich mit dem Fisch und dem Fahrrad in den Niederlanden nicht so ganz glücklich ist. Wenn man bedenkt, dass sich ganze Regierungskommissionen dafür einsetzen, jeden Querschnittsgelähmten und selbst Frauen in Burkas aufs *fiets*, das Fahrrad, zu bekommen, dann ist nicht ganz auszuschließen, dass nicht längst irgendwo ein Modell speziell für Fische kursiert. Ein Wasserrad natürlich.

›Ohne Mann ist es ungesellig.‹ Hettys Worte klangen noch in meinen Ohren. Geselligkeit ist der höchste Glückszustand für einen Niederländer. Arbeit, Politik, Wohnung – alles muss *gezellig* sein. Das gilt selbst fürs Bett, wird gemunkelt. Wenn ein niederländischer Mann der Geliebten nach einer heißen Liebesnacht zum Abschied sagt: ›Es war gesellig‹, dann ist das durchaus ein Kompliment.

Ein großes Elend ist dagegen die Ungeselligkeit. Die *ongezelligheid* muss unter allen Umständen vermieden werden. Das gilt für jede Ebene. Wenn Gewerkschaften und Arbeitgeber nach einem Treffen erklären, dass es nicht sehr *gezellig* war, kann man mit Massenstreiks rechnen. Das kommt aber eigentlich nie vor, weil sie sich dann doch immer wieder einigen und es sich wahrscheinlich bei ein paar *bitterballen* wieder so richtig nett machen.

Wenn ich also nicht in dieses tiefe Jammertal abgleiten wollte, dann blieb mir eigentlich gar nichts anderes übrig: Ein Mann musste her – ein holländischer, versteht sich.

Kapitel 1

Amsterdam zählt 90 Inseln, 550 000 Fahrräder, 1300 Brücken und 767 457 Einwohner. Einer davon bin ich. Und das seit zwölf Jahren. Ich besitze 43 Paar Schuhe, darunter ein paar rot-weiß-blaue Holzpantinen, *klompen*, ein Fahrrad, drei Käsehobel, einen Exmann, den Friesen, und natürlich habe ich einen echten Amsterdamer zu Hause: zwölf Jahre alt mit zwei Pässen und einer Ajax-Klubkarte. All die Jahre hatte es mir hier gefallen. Warum sollte ich also nach Deutschland zurück?

Zugegeben: Damals, vor meinem Umzug aus Genf, hatte ich davon geträumt, an einer idyllischen Gracht zu wohnen. Das blieb ein Traum. Dazu hätte ich mir schon einen anderen, lukrativeren Beruf oder einen anderen Mann suchen müssen. Gegen so ein altes malerisches Grachtenhaus macht sich unser behäbiger Wohnblock aus wie ein Opel Corsa gegenüber einem Jaguar. Aber der kann schließlich auch ganz behaglich sein.

Wir wohnen in einem dieser Viertel, die kluge Städteplaner vor knapp einhundert Jahren rund um den alten Grachtengürtel angelegt haben. Hier sind die Straßen umsäumt von alten Bäumen und die Bürgersteige so breit, dass die Kinder Fußball spielen können, ohne die Nachbarn zu nerven, die in der Sonne sitzen und ihre Zeitung lesen. Allenfalls die paar Dutzend Fahrräder kreuz und quer auf den Bürgersteigen und an den Bäumen geben dem Ganzen typisch holländisches Flair. Und natürlich die Fenster. So groß, dass sie nicht nur viel Licht in die Wohnung hineinlassen, sondern auch einen wunderbaren Einblick in das Leben der Nachbarn ermöglichen. Das ist ein großer Vorteil, wenn man in einem Land ohne Gardinen wohnt.

Heimweh hatte ich in all den Jahren eigentlich nie. Höchstens, wenn ich Anfang Dezember feststellte, dass mir das Lebkuchengewürz ausgegangen war oder ich am Samstagabend beim Brotkaufen nur noch zwischen Braun und Weiß wählen konnte.

Der einzige Unterschied ist die Farbe.

Niederländisches Brot hat die verblüffende Eigenschaft, dass man es zwischen zwei Fingern so zusammendrücken kann, dass das ganze, 50 Zentimeter lange Brot auf zwei Zentimeter schrumpft. Das Gummibrot haben die holländischen Kaufleute wahrscheinlich auch im 17. Jahrhundert als Erbe in Amerika hinterlassen, genau wie die Toleranz und ihren Nikolaus, den *Sinterklaas*.

Heimweh hatte ich an diesem wunderbaren Morgen jedenfalls nicht. Ich sah aus dem Wohnzimmerfenster. Es war einer jener strahlenden Herbsttage, die förmlich herausschreien: ›Nimm dein Rad, such dir ein schönes Café und trink ein letztes Bier in diesem Jahr draußen in der Sonne!‹

Nach tagelangem Regen sahen die roten Backsteinhäuser in unserer Straße wie frisch gewaschen aus. Ein kräftiger Wind wirbelte die bunten Blätter von den Bäumen und türmte die Blumenkohlwolken zu gigantischen Gebirgen auf.

Auf dem Rad werde ich später ordentlich strampeln müssen, dachte ich. Es ist eine dieser unerklärlichen holländischen Gesetzmäßigkeiten, dass man auf dem Fahrrad immer Gegenwind hat. Doch wer nur einmal unter so einem dramatischen Himmel über die Grachten geradelt ist, liebt jeden Wind und will nie wieder aus dieser Stadt weg.

Ich jedenfalls hatte noch nicht ein einziges Mal in all den Jahren daran gedacht. Sieht man von einem der ersten Tage ab.

Es war kurz nach dem Umzug. Alle Kisten waren ausgepackt, ich saß gemütlich auf dem Sofa und betrachtete meine neu renovierte Wohnung. Normalerweise bot unser Biedermeiersofa Platz für drei. Jetzt aber hätte sich auch mein nicht gerade breit gebauter Mann nur mit Mühe neben mich quetschen können. Neun Monate Schwangerschaft hatten mich dem Umfang einer Kuh ein deutliches Stück nähergebracht. Ich sah mit Wohlgefallen auf den glänzenden Parkettboden. Doch ich war nicht allein.

Da lief eine Maus. Das heißt, sie schlenderte fast, ganz gemütlich, als schaute sie mich dabei noch prüfend an, ob ich in Zukunft wohl anständig für ihr leibliches Wohl sorgen würde.

Die Absicht hatte ich nicht.

Ich schrie.

Der Friese dachte wahrscheinlich, dass das Baby nicht den ordnungsgemäßen Weg über stundenlange Wehen gewählt hätte, sondern plötzlich herausgefallen wäre. Jedenfalls war er sofort zur Stelle. Ich saß nicht mehr, sondern war, so schnell es meine Leibesfülle zuließ, auf das Sofa gestiegen und stammelte: »Eine Maus!«

Der Friese sah mich verständnislos an. »Natürlich. Wir sind in Amsterdam.«

Als ob Mäuse genauso zu der Stadt gehörten wie die Löcher zum Käse.

»Das ist nun mal so in einem alten Haus. Jeder hat Mäuse. Die kommen überall durch.« Die städtischen Kammerjäger hätten in den alten Stadtteilen den Kampf bereits aufgegeben, sagte er dann noch lapidar.

Ich hatte allerdings nicht die Absicht, meine ohnehin schon nicht sehr große Amsterdamer Wohnung auch noch mit der Maus und ihrer sicherlich umfangreichen Familie zu teilen.

Klaglos – ein sorgsamer Mann schlägt seiner hochschwangeren Frau schließlich nichts ab – war der Friese daraufhin zum Mäusebekämpfungsdienst angetreten. Regelmäßig und ohne Aufforderung stellte er die Fallen auf und präparierte sie mit *pindakaas*. Erdnussbutter schätzen nämlich nicht nur die zweibeinigen Holländer. Und was noch viel wichtiger war: Er entsorgte auch regelmäßig die Mäuseleichen. Diese Aufgabe hatte mein Sohn Marten widerspruchslos übernommen, als sein Vater ausgezogen war. Zumindest dazu brauche ich also keinen Mann, dachte ich zufrieden.

»Wieso Mann?« Marten sah argwöhnisch von seinem Nutellabrot auf. Den letzten Satz musste ich laut ausgesprochen haben. »Wozu brauchst du einen Mann? Du hast doch mich.«

»Eben«, sagte ich und behielt wohlweislich den kleinen nagenden Gedanken für mich, dass es Momente gab, in denen eine Mutter nicht nur Nudeln kochen und Fußballsocken waschen wollte. Ein lautes ›Schnapp‹ aus der Küche rettete mich vor bohrenden Nachfragen.

»Wieder eine gefangen«, sagte ich. »Und ich regle das mit der Leiche nicht.«

»Okay«, sagte er genervt und stiefelte in die Küche.

Als er wenig später wieder zurückkam, meinte er hoffnungsvoll: »Wir können uns doch eine Katze anschaffen. Hetty und Jan haben sogar zwei. Und Mäuse haben die jetzt nicht mehr.«

»Das wäre die Lösung«, stimmte ich zu. Doch Katze statt Mann, das war natürlich der Klassiker, und so weit war ich noch lange nicht. Laut aber sagte ich: »Das geht nicht. Dann müssten wir noch mehr staubsaugen.«

Wenn ich etwas zutiefst verabscheue, dann sind das Mäuse und Staubsaugen. Und Letzteres übernimmt Marten nur ungern und höchst selten. Er seufzte, zog seine Jacke an und nahm seinen Rucksack. Mit einem schnellen »Tschüs« zog er die Tür hinter sich zu. Ich war allein. Vor mir lagen zwei lange, kindfreie Tage. Es war Papawochenende, und dann traf ich mich abends immer mit meinen Freundinnen in der Stadt.

Vom Fenster aus sah ich, wie Marten wegradelte. Meine Nachbarin von gegenüber winkte mir zu. Sie hatte die Gymnastikmatte ausgerollt und begann gerade ihre morgendlichen Pilatesübungen. In mir regte sich das schlechte Gewissen. Ein paar Sit-ups könnten mir eigentlich auch nicht schaden, dachte ich, als ich mich so in der spiegelnden Fensterscheibe betrachtete. Eine Frau im mittleren Alter mit nach allen Seiten abstehenden Haaren, in einer alten Jogginghose und einem ausgeleierten T-Shirt mit der Aufschrift ›I AMsterdam‹. Ein Werbegeschenk.

Mein Blick fiel auf den Kaminsims. Da stand eine Ansichtskarte mit einer Mühle unter einem strahlend blauen Himmel. Rechts oben glitzerte in schwungvoller Schreibschrift *Groetjes uit Holland*. Es war der erste Gruß meiner neuen holländischen Familie vor zwölf Jahren gewesen. Den Text auf der Rückseite kannte ich auswendig, so oft hatte ich ihn voll Verwunderung gelesen.

in ons kikkerlandje‹. Ich hatte die Karte auf ninsims gestellt, wo Holländer alle Zeugnisse er Ereignisse in ihrem Leben ausstellen: Weih- karten, Geburtstags- und Urlaubsgrüße. Das *kikkerlandje* gehörte unbedingt dazu.

Wer nennt nun sein eigenes Land ein *kikkerlandje*? Nach dem Dikke van Dale, dem niederländischen Duden, bedeutet das ›morastiges nasskaltes Ländchen‹. Der passende Lebensraum für *kikker*, Frösche eben.

Nasskalt – das heißt feucht und unangenehm. Ich muss meinen Friesen damals wohl sehr prüfend angesehen haben, als suchte ich nach grünen glitschigen Stellen.

»Aber das stimmt doch auch«, hatte er entgegnet. »Es ist kalt und nass, meistens jedenfalls. Das mit den Fröschen ist nur liebevoll gemeint, ein Witz eben.«

War ich in einem Land gelandet, das für die Eingeborenen ein Witz war? Einem Franzosen würde es doch nicht im Traum einfallen, von der *petite nation* zu sprechen.

»Wir lieben nun mal Verkleinerungen«, hatte er erklärt.

Damit hatte er nicht unrecht. Holländer trinken nicht einfach eine Tasse Kaffee, sondern ein Tässchen. Wenn das Sönnchen scheint, ist es ein leckeres Wetterchen, und sie fahren in ihrem Autochen zu einem Festchen.

»Aber alles ist auch für euch nicht niedlich«, wandte ich ein. »Ihr könnt zwar ein Grippchen haben, aber sicher kein Krebschen, Gott ist nie Gottchen, und Beatrix würde es sich sicher sehr verbitten, Königinnchen genannt zu werden. Selbst ihr kennt bei manchen Dingen also ein wenig Ehrfurcht.«

»Schon, aber warum sollten wir Ehrfurcht vor unserem

Land haben?«, fragte der Friese fast schon entgeistert. »Es gehört doch uns. Bei allen anderen hatte Gott seine Finger im Spiel, aber unser Land haben wir geschaffen. Wir gehen eben anders damit um als ihr mit eurer *Heimat.*«

Das ›Heimat‹ betonte er so, als könne man es nur in Großbuchstaben schreiben. Holländer nennen Deutschland gerne auf deutsch ›Die Heimat‹, genau wie auch die deutsche Fußballnationalmannschaft für sie nur ›Die Mannschaft‹ ist. Das klingt dann gleich wie ein bombastischer Panzer, vor dem man sich hüten muss.

Dass Holländer so ohne weiteres zugeben, dass ihr Land zumindest recht übersichtlich ist, zeugt natürlich von einem gewissen Realismus. Ein Blick auf die Karte zeigt: Es ist klein, und überall ist Wasser. So weit hergeholt ist das mit dem Lebensraum für Frösche also auch wieder nicht.

Manchmal steckt ja sogar ein Prinz in so einem Frosch, auch wenn sich heutzutage niemand mehr darauf verlassen sollte. Zumindest für eine wurde das Märchen wahr: Die kleine argentinische Bankangestellte Maxima hatte sofort zugegriffen, als sie ihren Willem-Alexander traf – auch nicht gerade ein Typ wie George Clooney. Doch wenig später verwandelte er sich in einen Prinzen. Ob sie ihn zuerst an die Wand gepfeffert oder geküsst hat, wissen wir natürlich nicht. Tatsache ist, dass Maxima wenig später ein Krönchen auf ihren Kopf setzen durfte, und nun ist sie die prominenteste Importbraut des Landes.

Dass sich mein Friese am Ende nicht als Prinz entpuppt hat, lag vielleicht daran, dass ich ihn nicht auf einer Jetset-Party kennengelernt hatte, sondern am Ende der

Welt in Australien. Dorthin waren wir gereist, um über eine Konferenz zu berichten, er aus Amsterdam, ich aus Genf.

Damals hatte ich ihn und seine beiden Kollegen sofort als Holländer erkannt. Holländer erkenne ich überall, selbst in einem sterilen Konferenzzentrum in Canberra. Und zwar nicht, weil sie selbst für deutsche Ohren mit überhöhter Lautstärke reden.

Ich gehe jede Wette ein, dass ich jede Nationalität nur anhand von Schuhen und Brillengestell bestimmen kann. Mein Sohn Marten hält das für eine schamlose Übertreibung, die weit über die normale Berufsdeformation von Journalisten hinausgeht. Ganz unrecht hat er ja nicht. Es ist schon noch eine Herausforderung, die Wallonen und die Franzosen auseinanderzuhalten. Doch Holländer kann ich mühelos von Deutschen unterscheiden.

Sie schauen jedem Fremden direkt, beinah schamlos in die Augen und dächten nie im Traum daran, ihre Nationalität zu verstecken, und schon gar nicht hinter so einer hypermodernen schmalen Brille, die – wie Deutsche aus unerfindlichen Gründen meinen – dem Träger ein kosmopolitisches und daher undeutsches Flair verleiht. Bei Holländern muss alles praktisch sein, eben normal; selbst die Brillengestelle.

An den Füßen tragen sie nicht etwa *klompen*, um mal gleich dieses große Missverständnis auszuräumen. Die Holzschuhe gehören zwar zum kulturellen Erbgut wie die Schokolade zur Schweiz, im täglichen Leben bevorzugen Frau Antje und Herr Henk aber lässige Treter, auf denen sie locker durch die Welt schlendern können. Deutsche dagegen wollen fest auf dem Boden stehen und forsch daherschreiten, und sie stellen ihr korrektes Bewusstsein auch gern am Fuße unter Beweis: mit zwar dezentem, aber sicherlich orthopädisch vertretbarem Schuhwerk.

Die drei Männer in Canberra hatten sich jedoch durch ihre Hosen geoutet. Es waren *afritsbroeken*, Hosen, von denen man die unteren Teile der Beine bei Bedarf mit einem Reißverschluss abkoppeln kann. Zwei in einer, sozusagen. Das Problem dieser ungemein urlaubsfreundlichen Hosen ist, dass die Beinteile nicht so oft getragen werden und daher nach ein paar Wäschen eine total andere Färbung haben. Ich habe allerdings noch nie einen Holländer getroffen, für den das ein Grund gewesen wäre, das gute Stück in die Altkleidersammlung zu geben.

Läuft einer Frau ein Mann in so einer mittelkurzen Hose über den Weg, dann kann man es ihr ja wohl kaum übelnehmen, wenn ihr Blick mit Wohlgefallen an den muskulösen Radlerbeinen hängenbleibt. Und wenn der dazugehörige Mann ihr auch noch frech grinsend in die Augen schaut, ist das schon die halbe Miete.

»Ich hatte eine ganz normale Hose an«, protestierte der Friese an dieser Stelle immer, wenn wir Freunden die Geschichte unseres Kennenlernens erzählten.

»Egal, ich wusste sofort, dass du Holländer bist.«

»Friese«, korrigierte er beleidigt.

»Es ist ja schon schlimm genug, dass ihr alle Niederländer ›Holländer‹ nennt. Schließlich sind das nur die Bewohner der zwei westlichen Provinzen um Amsterdam, Utrecht und Rotterdam.«

»›Holländer‹ ist aber kürzer und einfacher«, wandte ich ein.

Der Friese sah mich streng an. »Jahrhundertelang haben die Holländer bei uns alles bestimmt. Da kann man ja wohl verstehen, dass die restlichen zehn Millionen heute nicht immer nur mitgemeint sein wollen, wenn alle Welt von ›Holland‹ redet. Die Friesen sind natürlich sowieso eine besondere Kategorie«, fügte er dann noch mit einem gewissen Stolz hinzu. »Aber vergleicht uns bloß nicht mit euren Ostfriesen! Das sind bei uns die Brabander und Limburger. Die kann man erstens nicht verstehen und zweitens sind sie auch nicht ordentlich.«

Und das, so meinte er, müsse irgendwie mit ihrer katholischen Konfession zusammenhängen; der Friese war Calvinist. In erster Linie aber war er Friese, das sollte ich schnell lernen. Überall auf der Welt traf er andere Friesen und erkannte sie auch sofort. Entweder weil ihre Flagge mit den blauen Streifen und roten Seerosenblättern auf ihrem Caravan klebte oder weil sie die offiziell zweite Landessprache sprachen. ›Friese‹ ist fast schon ein Prädikat, und das wissen diese genau. Meiner ganz besonders.

»Wenn du uns ›Holländer‹ nennst, dann kann ich auch alle Deutschen als ›Bayern‹ bezeichnen!«

Damit war die Friese-Holländer-Debatte beendet. Denn diesem unschlagbaren Argument hätte ich als überzeugte Bremerin natürlich niemals zustimmen können.

»Damals konnte ich das alles aber noch nicht wissen, und deshalb habe ich euch einfach für Holländer gehalten«, verteidigte ich mich. »Aufgefallen seid ihr drei mir jedenfalls trotzdem. Und nicht nur wegen der unvermeidlichen Abreißhosen, die ihr ja sogar auf noblen Empfängen getragen habt.«

Der Friese verkniff sich eine bissige Bemerkung.

»Ihr wart so locker«, meinte ich versöhnlich. »Jeden

habt ihr sofort geduzt, als ob es eine einzige große Party wäre. Für euch gab es keine Exzellenzen oder Generalsekretäre, sondern nur ›Bob‹ oder ›Jane‹. Und ihr wart die einzigen, die sich ständig amüsierten, selbst nach stundenlangem Durchackern von Hunderten Seiten Resolutionsentwürfen. Das fand ich toll.«

»Wir saßen einfach an der Bar nebeneinander, und so ist es passiert«, beschrieb der Friese den Moment unseres Kennenlernens nüchtern, war aber geschmeichelt. »Außerdem war es ja bei euch in der deutschen Ecke wirklich nicht sehr lustig.«

Dass ich seine Ehre als Friese nicht verletzen wollte, hatte ihn besänftigt. Außerdem ist Lockerheit ein Kompliment, von dem Holländer und auch Friesen nicht genug bekommen können. Schließlich bestätigt es ihre tief verwurzelte Ansicht, dass wir Deutschen ein steifes Siezvolk mit gebügelten Krawatten und geputzten Schuhen sind, das zum Lachen in den Keller geht.

In diesem Fall aber hatte er recht. Bei meinen deutschen Kollegen gab es tatsächlich wenig zu lachen. Sie wichen auch nie von den strengen Höflichkeitsformen ab, die ihren Umgang miteinander schon seit zwanzig Jahren Tag für Tag bestimmten. Frau Dr. Ingrid Meier-Wöhlbrandt zählte den ganzen Tag, wie viele Gläser Wasser sie getrunken hatte.

»Man sollte bei dieser Hitze nicht zu wenig trinken. Aber keinesfalls zu viel Koffein«, ermahnte sie mich, immer wenn ich mir wieder einen Kaffee holte. »Das hat mir mein Internist empfohlen.«

Den hatte sie extra vor der Australienreise konsultiert.

Herr Kopf pflichtete ihr bei. »Man kann ja nie wissen, wie man auf das australische Klima reagiert.«

Am Abend des dritten Konferenztages wechselte ich

auf die holländische Seite. Als ich das Restaurant betrat, saßen Frau Dr. Meier-Wöhlbrandt und Herr Kopf schon an einem ruhigen Tisch im hinteren Teil, in gesunder Entfernung zur Klimaanlage, vor sich die Tagungsunterlagen. Die Holländer hingen vorne an der Bar herum.

»Setz dich doch zu uns«, hatten die drei gesagt. Die Entscheidung war schnell getroffen und mein Schicksal damit besiegelt.

»Where are you from?«, hatte der indische Wirt später am Abend gefragt. »Germany?«

Die drei Männer versteiften sich. Es gibt nichts Schlimmeres für einen Niederländer, als im Ausland für einen Deutschen gehalten zu werden. Sie lachten gequält.

»No, we come from Holland.«

Keinem würde es einfallen, im Ausland diese Frage mit ›the Netherlands‹ zu beantworten. Dann ist die Chance auf entgeisterte Gesichter nämlich noch größer. Dem indischen Wirt aber sagte selbst ›Holland‹ nichts.

»Holland, the country of Heineken«, sagte der Friese schlagfertig.

Langsam schien es dem Wirt zu dämmern, dass es da um ein real existierendes Land gehen musste.

Dann spielte der Friese seinen besten Trumpf aus: »Johan Cruijff.«

Da lachte der Wirt auf, das indische Bier kam auf den Tisch, und der Abend wurde noch lang.

Manchmal ist es schon ein Vorteil, Niederländer zu sein, dachte ich damals schon. Ich werde in solchen Fällen immer entweder mit Adolf Hitler oder dem Oktoberfest konfrontiert.

Dass ich von Genf über den australischen Umweg

schließlich in Amsterdam landete, lag natürlich nicht nur am Fußballgott Cruijff. Und die paar indischen Biere waren auch nicht ausschlaggebend. Da hatten der Winzling, der in meinem Bauch seine ersten Freistöße trainierte, und natürlich sein Vater, doch eine wichtigere Rolle gespielt.

Inzwischen überragte mich der Winzling beinahe und verwandelte treffsicher fast jeden Elfmeter. Ich seufzte und griff zum Staubsauger.

Als ich am Abend die kleine Eckkneipe betrat, war diese schon brechend voll. Es war ein sogenanntes *bruin café*. Braun nennen Holländer so eine Kneipe, weil Tische und Stühle aus dunklem Holz und die Wände mit einer bräunlichen Rußschicht bedeckt sind, und ein Café ist für sie sowieso jedes Etablissement, in dem sie etwas trinken können, vorzugsweise Alkoholisches.

Die Beleuchtung war leicht schummrig, auf den Tischen lagen kleine Teppiche, so dass sich jeder wie zu Hause in seinem Wohnzimmer fühlen konnte. Obwohl ich es doch vorziehe, einen Perserteppich auf den Fußboden zu legen.

In einer Ecke sah ich Britta und Astrid, meine deutschen Freundinnen. Wir hatten uns vor einigen Jahren beim deutschen Stammtisch kennengelernt, einem wichtigen Umschlagplatz überlebenswichtiger Waren wie Sprühstärke und Johannisbeergelee. Nachdem es mit unseren holländischen Traummännern schiefgelaufen war, hatten wir uns vom Stammtisch abgesondert und zu einem äußerst fröhlichen Ex-Wives-Club zusammengefunden.

Astrid winkte mir zu. Sie ist die jüngste in unserer Runde und wirkt mit ihren langen hennaroten Haaren und den großen Augen fast wie eine Madonna. Aber nur fast. In den überraschendsten Momenten perlen aus ihrem sanft geschwungenen Mund Sprüche, die sogar Thomas Gottschalk in seinen besten Jahren zum Schweigen gebracht hätten, und das in unverfälschtem Hessisch.

Britta dagegen ist ein kleiner blonder Knuddel, knapp größer als eine Parkuhr. Aus irgendeinem Grund wird ihr unweigerlich von jedem Herrn ein Sitzplatz im Bus angeboten.

Ich wollte mich gerade neben sie auf die Eckbank setzen, da tippte mir jemand auf die Schulter. Ich drehte mich um. Vor mir stand ein großer schlaksiger Mann mit kurzen grauen Haaren. Kees, wie immer in Jeans und einem bequemen Kapuzenpulli. Kees war Beamter und für mich eine wichtige Informationsquelle im Amsterdamer Rathaus.

»Habt ihr hier euren deutschen …«, er stockte, suchte offenbar nach dem richtigen Wort.

»Stammtisch«, kam Astrid ihm zur Hilfe.

Kees nickte dankbar. »Seid ihr auch Journalistinnen?«

Ich schüttelte den Kopf und stellte meine Freundinnen vor. Astrid kümmert sich bei einem Kulturinstitut um die sozialen Medien. Im Klartext: Sie twittert und chattet den ganzen Tag und wird dafür noch bezahlt. Und die niedliche Britta in ihrem sexy Kleidchen ist in Wahrheit eine ziemlich toughe Unternehmensberaterin.

Kees sah uns neugierig an.

»Wie seid ihr denn nach Holland gekommen?«, fragte er.

»Die Liebe«, meinte Britta kurz.

»Und, hält die noch?«

Wir sahen uns vielsagend an.

»Es war ein ziemlicher Flop«, stellte Britta fest und

klimperte gekonnt mit den Wimpern. Wenn sie wollte, konnte sie aussehen wie ein hilfesuchendes Vögelchen.

»Ein dreifacher Rittberger sozusagen«, ergänzte Astrid. »Aber mit Bauchlandung.«

Kees wirkte verwirrt.

»Bei dir auch?« Er schaute mich überrascht an.

Mir war das ein wenig unangenehm. Ich hatte wahrlich nicht die Absicht, mein Liebesleben oder die Ruinen davon in der Kneipe auszubreiten, und schon gar nicht vor einem Beamten, mit dem mich eine rein professionelle Beziehung verband. Außerdem hatte ich noch nicht einmal an einem Bier genippt.

»Was macht eigentlich dein Willkommensprojekt für Ausländer?«, fragte ich schnell. Im Fernsehen nennt man so etwas einen harten Schnitt.

»Lange Geschichte.« Kees verzog das Gesicht. »Das erzähl ich dir ein andermal, bei einem Kaffee. Ich ruf dich an.«

Er nickte uns zu und ging wieder zur Bar.

»Wer war das denn?« Meine Freundinnen sahen mich erwartungsvoll an.

»Den würde ich ja auch nicht von der Bettkante schubsen.« Astrid nippte damenhaft an ihrem Portwein und warf einen sehr langen Blick in Richtung Kees.

Unter diesem Gesichtspunkt hatte ich ihn noch nie betrachtet. Ganz unrecht hat sie nicht, dachte ich und begutachtete sein wohlgeformtes Hinterteil. Nicht unappetitlich.

»Das ist doch ein anderes Kaliber als dein Friese«, stellte Astrid fest.

Ich nickte. Der Friese war zwar nicht unansehnlich, aber auch nicht gerade eine Erscheinung wie Alain Delon in jungen Jahren. Im Vergleich zu anderen Holländern war er eher kleingewachsen, und sein blonder Lockenkopf wies auch schon deutliche kahle Stellen auf.

»Warum hast du dir damals denn ausgerechnet ihn ausgesucht?«, fragte Britta. »Da waren doch drei im Angebot, wenn ich mich recht erinnere.«

Ich zuckte mit den Achseln. »Warum fliegt man auf einen Mann? Warum hast du dich bei deinem Frankreichurlaub in Hans verliebt? Der Friese hat mir in Australien immer Kaffee geholt.«

»Ha«, lachte Astrid gar nicht madonnenhaft. »Schnell und billig also.«

Es war offensichtlich, die Damen wollten Details. Wenigstens hatte ich nun ein Bier vor mir.

»Es geschah unter dem Kreuz des Südens.« Meine kunstvolle Pause hätte Rosamunde Pilcher vor Neid erblassen lassen. »Es war eine warme Nacht in Australien, die Sterne funkelten, und da ist es passiert.«

»Wie? Im Busch, zwischen den Kängurus?« Astrid war schon immer sehr plastisch.

»Es war jedenfalls nett genug, um ein paar Wochen später nach Amsterdam zu fahren.«

»Gesellig«, höhnte meine Freundin. »Und schon warst du im Netz.«

»So einfach war es nun auch wieder nicht«, protestierte ich. »Ich habe ihn noch eine ganze Weile zappeln lassen.«

Wir schwiegen eine Weile und dachten an unser erstes Rendezvous mit einem Holländer.

»Und jetzt sind sie alle drei weg«, unterbrach Astrid die Stille. Sie seufzte höchst theatralisch und sah dabei überhaupt nicht betrübt aus.

»Ach, irgendetwas haben sie ja, die holländischen Männer«, meinte Britta und prostete uns zu. »Zumindest wären wir ohne sie jetzt nicht hier.«

Kapitel 2

Pünktlich um 8 Uhr 45 wartete Paulien am darauffolgenden Montag an unserem Treffpunkt beim Gemüseladen. Ich erkannte sie schon von weitem. Sie trug ihr rotkariertes Wollcape, und die braunen langen Locken flatterten lustig im Wind. Wir hatten uns bei der Einschulung unserer Kinder kennengelernt und festgestellt, dass wir nicht nur denselben Beruf, sondern auch denselben Weg zur Arbeit haben. Seitdem radeln wir jeden Morgen gemeinsam in die Stadt.

Trotz neun Ampeln und sechs Baustellen vollzieht sich unsere tägliche Radtour in einem durchaus flotten Tempo. 12,5 Minuten dauert unser morgendliches Beisammensein, plus einer mehr oder weniger langen Abkühlungsphase am Blumenmarkt in der Innenstadt. Paulien kann dabei auch noch so wichtige Themen diskutieren wie etwa die Krise der Sozialdemokratie in Europa oder warum holländische Frauen immer Stiefel tragen.

Paulien schreibt Kolumnen für ein Modeblatt. Sie lässt sich aus über das schwierige Leben der modernen Frau zwischen Kittelschürze und Kapitalspritze und ist damit sozusagen die Carrie Bradshaw von Amsterdam. Sie selbst würde diesen Vergleich allerdings weit von sich weisen, schließlich hat sie die Männerfrage schon seit langem und äußerst glücklich gelöst und ist Mutter von drei Kindern.

Paulien war ungeschminkt. Ein deutliches Zeichen, dass sie noch immer in Wochenendlaune war.

»Und? Wie waren deine kinderfreien Tage?«
Wir reihten uns in den dichten Strom der Radfahrer ein.
»Nett«, sagte ich, »bis auf die Sache mit der Fritteuse.«
»Was denn für eine Fritteuse?«, fragte sie verblüfft.
Ich erzählte ihr von dem Missgeschick mit dem *bitterbal* und der Frage nach meiner Zukunft in Holland.
»Und alles nur, weil ich nun Single bin.«
»Unsinn. Mann oder kein Mann – was spielt das denn für eine Rolle?« Paulien bremste kurz ab, um ein schnelles Taxi vorbeizulassen, dann war sie wieder neben mir. »Außerdem, warum solltest du nach Deutschland zurückgehen? Was willst du da auch?«
»Warum? In Deutschland zu wohnen ist doch keine Strafe!«
Meine Antwort war beinahe automatisch gekommen, ein alter Reflex, der noch aus der Zeit stammte, zu der Holländer jedem kondolierten, der im Land der *moffen* wohnen musste. Dass Deutsche mehr als 60 Jahre lang als unangenehme und mufflige Zeitgenossen beschimpft wurden, war nicht ganz unverständlich, schließlich hatten sie in der Vergangenheit mehrfach bewiesen, wie bösartig sie sein konnten. Zuletzt 1974, als sie den Oranjes einfach so den Fußball-Weltmeistertitel abgeluchst hatten.
Mit einem kurzen Blick wies Paulien mich zurecht. »Erstens habe ich nichts gegen Deutschland, meine Großmutter kam schließlich von dort. Und zweitens sind die Zeiten ja wohl vorbei, in denen es schick war, gegen Deutsche zu sein. Im Gegenteil: Deutschland ist total hip.«
Sie hatte ja recht. Spätestens seit 2006, als die Deut-

schen bei der Fußball-WM bewiesen hatten, dass man mit ihnen äußerst gesellig feiern konnte, waren sie auf der Beliebtheitsskala nach oben geschnellt. Seither preisen Holländer die ungeheuren Vorzüge des Nachbarlandes, vor allem das, was sie im eigenen Land schmerzlich vermissen: die freie Fahrt auf den Autobahnen, die Berge und den reichlichen und dabei preiswerten Mittagstisch.

»Trotzdem, Deutschland steht überhaupt nicht an«, sagte ich. »Aber es ist schon etwas dran an dem, was Hetty gesagt hat. Schließlich habe ich damals den Mann und nicht das Land gewählt, und jetzt bleibe ich hier hängen wie ein Hippie in den 70er Jahren, der nicht mehr vom Joint loskommt.«

»Und, was ist daran so schlimm? Hier leben doch ohnehin schon so viele, die irgendwie hängengeblieben sind. Da kommt es auf einen mehr oder weniger auch nicht an. Außerdem gibt es schlimmere Orte, um hängenzubleiben, als Amsterdam.«

Auf einmal trat sie kräftig in die Pedale, um gerade noch die Straße zu überqueren, bevor ein Lastwagen von rechts durchstarten konnte. Die Ampel war rot.

»Paulien, du lebst ganz schön gefährlich«, japste ich, als ich sie an der nächsten Ecke endlich wieder eingeholt hatte.

»Ach was, *moet kunnen*«, sagte sie.

»Ja, ja«, seufzte ich, »*moet kunnen.*«

Nach zwölf Jahren konnte ich dieses ›mutt künnen‹, wie es die Holländer aussprechen zwar mühelos herunterrattern. Und es ist wahrlich nicht einfach, das u und ü schnell hintereinander und ohne Stocken auszusprechen. Fischers Fritze ist nichts dagegen. Aber dennoch kommt es mir nur schwer über die Lippen. ›Muss können‹

ist nämlich eigentlich die oberste Regel der organisierten Anarchie und heißt so viel wie ›legal, illegal, scheißegal‹.

Schon an der nächsten Ampel ging es wieder schief. Paulien wartete genervt auf der anderen Seite, weil ich meinem deutschen Drang nachgegeben und das Rotlicht nicht ignoriert hatte.

»Aber wenn mich ein Kind gesehen hätte?«, meinte ich entschuldigend. »Stell dir vor, die kopieren unser schlechtes Vorbild. Was da alles passieren könnte ...«

»Annette, erstens sind die Kinder in der Schule, und zweitens sehen sie das den ganzen Tag. Dies ist schließlich Amsterdam.«

Da war etwas dran. Die zaghaften Versuche, meinem Sohn den Sinn der Straßenverkehrsordnung zu erklären, hatte ich eingestellt, als er mir einmal mitteilte: »Mama, wir müssen auch irgendwann ankommen.«

Mittlerweile waren wir in die schmale Herengracht abgebogen, was uns nicht davon abhielt, gemütlich nebeneinander zu radeln. Das Auto hinter uns machte einen zaghaften Versuch zu überholen, verzichtete dann aber doch. Wahrscheinlich aus Respekt vor Pauliens Lastenfahrrad. Mit seiner verlängerten Vorderachse und der darauf montierten großen Plastikkiste war es ein wahrer Koloss. Aber ein außerordentlich praktischer: Vorn in der Kiste transportierte sie wahlweise Kinder, Einkaufstüten oder, wie nun, Regencape und Arbeitstasche.

»Außerdem«, sagte sie und wich kurz auf den Bürgersteig aus, um den nun doch zaghaft hupenden Fahrer vorbeizulassen, »wer sucht sich schon Holland als Wohnort aus? Es ist ja schließlich nicht Frankreich.«

Inzwischen waren wir beim Blumenmarkt angekommen. Pauliens Büro lag gleich gegenüber.

»Mal ganz ehrlich«, meinte sie und holte Spiegel und Lippenstift aus ihrer Tasche. »Wer zieht denn freiwillig hierher? Nach Holland kommt eine Frau doch nur für einen guten Job oder aus Liebe.«

Wir standen auf der Brücke der Singelgracht, rechts und links von uns schaukelten die Wohnboote im Wasser, ein Blumenhändler lud gerade große Eimer mit Gladiolen aus seinem Kleinlaster aus. Der Himmel über uns hing gefährlich tief und grau.

»Holland ist klein und eng. Vergleich das mal mit Amerika. Und dann erst noch das Wetter …« Sie warf ihr Make-up-Täschchen in die Kiste und winkte einer Kollegin auf der anderen Straßenseite zu. »Die Hauptsache ist doch, dass du es hier gesellig hast, und du verdienst auch genug. Wie läuft es denn eigentlich? Ist die Welt noch an uns interessiert? Ich meine, den Binnenhof in Den Haag kann man ja schließlich auch mit der besten Absicht nicht mit dem Élysée-Palast oder der Downing Street vergleichen.«

Ich seufzte. »Neulich hat mir so ein schnöseliger Jungkollege erklärt: ›Holland, das machen wir so nebenbei. Das Land kennt doch jeder.‹ Wahrscheinlich hat er sich durch ein paar Besuche in einem *koffieshop* als Experte für die niederländische Drogenpolitik qualifiziert.«

Ich warf einen Blick in den Himmel und zog vorsichtshalber schon mal meinen Regenmantel aus der Tasche.

»Wenn wirklich etwas Besonderes passiert, also zum Beispiel ein Mord oder eine königliche Hochzeit, dann fliegen die hochbezahlten Kollegen aus den Brennpunkten der Welt ein, mit ihren superflotten Blackberrys und ultraleichten Laptops. Und wir dürfen dann in der zweiten Reihe stehen. Aber eigentlich ist es ja nur uns Frauen zu verdanken, dass die Welt überhaupt noch regelmäßig aus erster Hand über dieses Land informiert wird.«

»Wie das?« Paulien sah mich erstaunt an.

»Na ja«, erklärte ich, »es sind ja vor allem wir Frauen aus Spanien, Polen, Deutschland und so weiter, die unsere Heimatredaktionen davon überzeugen, dass es hier nicht nur Tulpen und Tomaten gibt. Und alle sind wegen eines holländischen Mannes gekommen.«

»Interessante Theorie. Doch an deiner Stelle würde ich das nicht zu laut sagen«, meinte Paulien. »Sonst bilden sich die Männer noch ein, dass Holland in der Welt nur deshalb mitspielt, weil sie so unwiderstehlich sind. Und der Palast verleiht ihnen am Ende noch einen Orden für Verdienste ums Königreich!«

Der Gedanke gefiel ihr gar nicht. Sie gehört nämlich zu der seltenen Spezies holländischer Frauen, die wissen, dass Feminismus und Stilettos eine äußerst glückliche Kombination sind.

»Wie auch immer, genieß doch einfach, dass du die Fernbedienung jetzt für dich alleine hast«, sagte sie zum Abschied.

»Ja, wenn dem nur so wäre! Den Kampf mit Marten habe ich doch schon längst verloren«, murrte ich. »Erst waren es die Teletubbies und nun ist es die Champions League.«

Meine Freundin sah mir ein wenig ratlos nach, als ich wieder auf mein Rad stieg. Erfahrungen mit einem fußballbegeisterten Sohn hatte sie nicht.

Bis zu meinem Büro waren es nur noch ein paar hundert Meter. Ich konnte das Glockenspiel vom Palast auf dem Dam schon hören. Die Straßenbahn bimmelte schrill, als ein paar Studenten noch schnell die Straße überquerten. Kurz bevor ich in den ältesten Teil der Stadt abbiegen wollte, sprang die Ampel auf Rot. Pauliens *moet-kunnen*-Mahnung im Kopf wollte ich weiterfahren, da sah ich gerade noch rechtzeitig das weiße Auto mit den rot-weiß-blauen Streifen. Polizei. Ich bremste. Bremsen im Amsterdamer Berufsverkehr ist aber eine Todsünde.

»*Godverdomme*«, fluchte es hinter mir. Ein wildes Gebimmel von mindestens fünf Fahrradklingeln ertönte. Ich war ein Hindernis.

»*Sorry*«, rief ich einem Mann schuldbewusst zu, der sich zwischen mir und dem Polizeiwagen hindurchschlängelte. Ich bin mir nun mal immer noch nicht ganz sicher, ob die Ordnungshüter das *moet-kunnen*-Prinzip auch so gut finden. Schon der Anblick eines Polizeiautos setzt bei mir automatisch eine selbstkritische Prüfung in Gang: Habe ich in den letzten 14 Tagen auch alles richtig gemacht, sind die Steuern bezahlt und entspricht mein Rad allen Sicherheitsvorschriften?

Zugegeben, meine Fahrzeit zum Büro hatte sich nach Pauliens Methode um 30 Prozent verringert.

»Und auch das Risiko auf einen Verkehrsunfall«, belehrt sie mich gerne. »Den Statistiken zufolge leben Radfahrer, die sich an die Regeln halten, nämlich deutlich gefährlicher als andere.«

Die Polizisten störte es jedenfalls überhaupt nicht, dass einer nach dem anderen an ihnen vorbei bei Rot über den Platz fuhr. Ich wartete trotzdem brav.

Endlich sprang die Ampel auf Grün. Ich bog ab. Statt stattlicher Einkaufstempel und Banken bestimmten nun Souvenirläden und Snackbars das Straßenbild. Vor den Schaufenstern standen große Sträuße Plastiktulpen und hingen Trauben von goldgelben Holzschuhen, es roch nach billigem Fett und verbranntem Käse. Ein chinesischer Koch hängte ein paar gebratene Enten ins Fenster. Ich war *op de Wallen*, auf den Wallen, dem Rotlichtviertel von Amsterdam.

Am frühen Morgen herrschte hier noch relativ wenig Betrieb. Der Inhaber vom Sexshop Caligula betrachtete wohlgefällig seine Schaufenster: Dildos in Form von Gartenzwergen und Megajoints, zur Zeit im ›Super-Sale‹. In den roterleuchteten Fenstern saßen spärlich bekleidete Damen auf ihren Barhockern und tranken gelangweilt Kaffee. Der Duft von frisch geräuchertem Marihuana strömte aus einem *koffieshop*.

Vor der Tür zu dem alten Grachtenhaus mit der Nummer 129 bremste ich. Ich war am Ziel. Suchend sah ich um mich. Hier auf den Wallen gibt es zwar alles, was sonst von Timmendorf bis Timbuktu verboten ist, es wird sogar in Schaufenstern offen angeboten. Nur eben keinen Abstellplatz fürs *fiets*. Die Fahrradständer waren voll und auch alle Bäume schon besetzt.

Als ich mein Rad auf die nächste Brücke schob, verließen gerade ein paar junge Männer den *koffieshop*. Dort hatten sie wahrscheinlich keinen Kaffee getrunken, sondern sich mit ein paar Joints eingedeckt, um sich dann ganz legal auf offener Straße zu berauschen.

Wahrscheinlich sind es Engländer, dachte ich. Die erkenne ich selbst nachts. Aus unerfindlichen Gründen tragen die Inselbewohner nämlich auch bei der größten Kälte kurzärmlige T-Shirts, als ob der Kontinent für sie so exotisch wäre wie die Tropen, und daher zwangsläufig auch ebenso heiß.

Langsam, aber zielstrebig steuerte die Gruppe nun auf die roterleuchteten Fenster zu. Die ebenfalls halbbekleideten Damen legten ihre Nagelfeilen zur Seite und öffneten die Glastüren zu ihrem Kabuff. Kundschaft.

Die Engländer blieben mit großen Augen vor den Fenstern stehen, wie Nordkoreaner, die zum ersten Mal bei Macy's in New York shoppen durften.

Ich war gerade dabei, mein Fahrrad am Brückengeländer festzuketten, als Henny mit seiner Sackkarre vorbeilief.

»Guten Morgen«, rief er mir mit dröhnender Stimme zu.

Henny hatte seinen runden Bauch in eine Fleecejacke gezwängt, seine Apfelbäckchen waren noch röter als sonst, was vermutlich eher von der Morgenfrische kam, als dass ihn die Damen in besondere Erregung versetzt hätten. Dafür ist er schon zu lange im Geschäft. Henny ist Eigentümer des Tante-Emma-Ladens an der Ecke und versorgt das Viertel mit belegten Brötchen, Milch und Zigaretten, und die Huren auch persönlich mit Küchenrollen.

»Dass die nicht frieren«, sagte er und wies auf die Engländer, die noch unschlüssig in sicherer Entfernung vor den Fenstern standen und verlegen lachten.

Ich nickte. »Und dass sie sich morgens schon einen Joint reinziehen können.«

»Na ja, jedem das Seine«, meinte Henny. »Außerdem ist das gut fürs Geschäft. Von den *koffieshops* leben wir ja schließlich alle, oder? Deswegen kommen sie doch hierher. Und wegen denen da«, fügte er hinzu und machte eine Kopfbewegung zu den Damen.

Inzwischen hatten die Engländer Gesellschaft bekommen. Zwei Polizisten ergriffen einen etwas abseits stehenden jungen Mann am Arm. Der versuchte, eilig seinen Hosenschlitz zu schließen, ohne dabei den Joint fallen zu lassen.

»Wildpinkler«, stellte Henny nüchtern fest. »Das kostet 90 Euro.«

Henny wohnt schon sein ganzes Leben lang auf den Wallen und kennt alle Vorschriften.

»Ist gerade teurer geworden. Zu Recht. Einfach so in die Gracht pissen, wo kommen wir denn da hin? Es gibt doch schließlich Regeln, selbst in unserem *kikkerlandje*.« Er schüttelte seine dauergewellten dunklen Locken.

»Aber woher sollen die das wissen?«, meinte ich. »Die denken doch, dass in Amsterdam alles erlaubt ist.«

Der junge Engländer gestikulierte nun wild, die Polizisten sprachen ruhig auf ihn ein, dann gingen sie weiter.

Henny zuckte mit den Achseln und nahm seine Sackkarre.

»Pass auf, dass du nicht in die Grube fällst«, rief er mir noch zu.

Vor dem schmalen Bürgersteig zwischen Sexshop Caligula und meinem Büro war nämlich die Straße aufgerissen. Nur ein kleines rotes Fähnchen warnte die Passanten vor dem gähnenden Loch.

»Sie hätten ja zumindest ein Schild aufstellen können«, sagte ich. Die Vorstellung, dass eine Baustelle mit Gittern und blinkenden Warnlampen abgesperrt und gekennzeichnet sein sollte, hatte ich mir in diesem Land schnell abgeschminkt.

»Ach ja, *moet kunnen*«, meinte Henny gleichmütig, nickte mir zu und zog weiter zu seinem Laden.

Kapitel 3

So offen die Fenster der Damen sind, so geschlossen ist der Zugang zu meinem Büro. Neun Schlösser und drei Türen trennen die Straße von meinem Arbeitsplatz. Mein Schlüsselbund würde eher zu einem Angestellten der Wach- und Schließgesellschaft passen als zu einer harmlosen Journalistin.

Als ich endlich oben im dritten Stock angelangt war, hatte es angefangen zu regnen. Von den Engländern war natürlich nichts mehr zu sehen. Henny hatte bereits die Rollläden zu seinem Laden hochgezogen. Die ersten Touristenboote schipperten durch das schmutzig-braune Wasser der Gracht. Ein Vater radelte eilig durch den Regen, um seine Kinder zur Krippe ›Prinses Juliana‹ zu bringen, die etwas weiter unten zwischen zwei Hurenfenstern liegt.

Die mit Graffiti besprühten Häuser auf der gegenüberliegenden Seite werden mit jedem Jahr schiefer. Sie erinnern mich an ein Gesicht, das immer mehr Gruben und Falten bekommt. Manchmal frage ich mich, ob sie dem nächsten Herbststurm noch standhalten werden. Die Sorge ist wahrscheinlich unbegründet, schließlich stehen sie schon über 400 Jahre.

Es war pures Glück, dass ich dieses Büro ergattert hatte. Ich hatte es von meiner französischen Kollegin Sophie übernommen, die irgendwann genug von nackten Damen, Joints und Dildos hatte.

Ich warf die Kaffeemaschine und den Computer an und

fegte den grauen Putz vom Schreibtisch, der von der Decke gerieselt war. Ich warf einen prüfenden Blick nach oben. Die Stromleitungen hingen in kunstvollen Schleifen herab wie zum Trocknen aufgehängte Spaghetti. Bei heftigem Regen tröpfelte es manchmal. Vor einigen Wochen hatte ich plötzlich ein Fenster mitsamt dem Rahmen in der Hand gehabt, als ich frische Luft hereinlassen wollte.

»So schlimm ist es nicht«, hatte der Vermieter erklärt und es mit ein paar Latten wieder angenagelt. »Das hält noch eine Weile.«

Das hoffte ich allerdings auch.

Gut, dies war ein etwas anderes Ambiente als an meinem früheren Arbeitsplatz im Palais des Nations in Genf. Dort hatte sich hinter den akkurat wie mit der Nagelschere geschnittenen Rasenflächen das gewaltige Alpenpanorama erhoben, aus dem manchmal sogar der mit Schnee bedeckte Mont Blanc hervorlugte. Alles dort hatte die Botschaft geatmet: Hier herrscht Ordnung, egal, was es kostet. Und dennoch hatte ich keinen Moment gezögert, um nach Amsterdam zu ziehen.

Ich erinnerte mich an den neiderfüllten Blick meines amerikanischen Kollegen Mark, als ich Genf damals verließ. Für Mark war der Billigflieger ins lockere Amsterdam sowieso der größte Vorzug der UNO-Stadt gewesen. Dagegen hatten meine gottesfürchtigen Freunde Tim und JoAnn aus Milwaukee unmissverständlich erklärt, dass sie mich in diesem Sündenpfuhl wohl kaum besuchen konnten.

Das Wörtchen Holland übt eben auf fast jeden eine gewisse Anziehungskraft aus. Und dahinter steckt das *moet kunnen*. Für die einen ist dieses Land das Paradies auf Erden, für die anderen Sodom und Gomorrha.

Fast jeder scheint zu glauben, dass man hier wie King Kong im Urwald leben kann, ohne Regeln, Moral und Ordnungshüter. Das ist natürlich ein gewaltiger Irrtum.

Moet kunnen heißt nämlich alles andere als ›alles ist erlaubt‹. Eigentlich gibt es in den Niederlanden nur eine einzige Regel: Nichts ist einfach so erlaubt. Für alles gibt es eine Vorschrift, selbst für den Verstoß. Holländer nennen das *gedogen*. Dieses Dulden ist ein wunderliches Prinzip, mit dem sie sogar Sex, Drogen und die Kirche in trauter Harmonie miteinander verbinden können. Und das wird dann der ganzen Welt als typisch holländische Toleranz verkauft.

Ich war natürlich nicht mit fliegenden Fahnen zum Friesen gezogen. Man muss die Kerle ein bisschen zappeln lassen, hat meine Mutter immer gesagt. Bei mir waren es fünf Jahre. Aber irgendwann ging die Reiserei nicht mehr nur ins Geld, sondern mir auch ziemlich auf die Nerven. Und die Aussicht, in dieser leicht chaotischen Grauzone von legal und illegal zu wohnen, fand ich so verlockend, dass ich keine Sekunde gezögert hatte, wo ich mit dem Würmchen in meinem Bauch und seinem Vater wohnen wollte.

Der Friese hatte es eigentlich nie ganz verstanden, dass ich so bereitwillig zu ihm gezogen war, und ausgerechnet Genf mit seinem nassen kleinen Ländchen vertauschen wollte. Genf stand schließlich an dritter Stelle der lebenswertesten Städte der Welt, es gab dort leckeren Käse und dazu sogar noch Berge.

Mehrmals hatte er sorgenvoll auf das Panorama vor meinem Balkon geschaut: der Mont Blanc und davor der glitzernde See im strahlenden Sonnenschein. Selbst ein Friese konnte sich nicht vorstellen, dass ich das freiwillig aufgeben wollte. Das war ja auch verständlich, schließlich ist die höchste Erhebung in den Niederlanden – Holländer sprechen von einem Berg – gerade mal 322 Meter und 50 Zentimeter hoch. Aus der Froschperspektive betrachtet, ist das allerdings stattlich.

Als Norddeutsche habe ich allerdings ein gesundes Misstrauen gegenüber Bergen, es sei denn, ich stehe oben und habe den Überblick. Und den versperrte in meiner neuen Heimat tatsächlich nichts, hatte ich äußerst zufrieden festgestellt.

»Wenn ich nicht in Amsterdam, sondern in Den Haag gewohnt hätte, wärst du sicher nicht so schnell gekommen«, hatte der Friese immer wieder gesagt.

Das wies ich natürlich strikt von mir: »Den Haag liegt doch praktisch um die Ecke. Eigentlich ist es ein Vorort von Amsterdam. In Berlin fährt man ja auch eine Stunde mit der U-Bahn, wenn man ins Theater will.«

Offenbar war das der falsche Ansatz. Der Friese war beleidigt.

»Die Niederlande sind kein Ballungsgebiet, sondern ein richtiges Land!«

»Aber ein kleines«, sagte ich, »gerade mal so groß wie Nordrhein-Westfalen.«

Auch das war ein Fehler. Holländer dürfen zwar ihr eigenes Land ein *kikkerlandje* nennen, aber sie mögen es gar nicht, wenn Ausländer dessen wahre Größe unterschätzen. Dann fühlen sie sich wie Calimero, das kleine schwarze Küken mit der Eierschale auf dem Kopf, das nie bei den Großen mitmachen darf.

»Wir sind aber nicht einfach das 18. Bundesland«, entgegnete er. »Wir sind die zehntgrößte Wirtschaftsmacht der Welt.«

Und dennoch, bei allem Stolz: Holländer können sich

einfach kaum vorstellen, dass jemand freiwillig unter ihrem tiefen Himmel wohnen will, und das auch noch mit Freuden. Es sei denn, die Zugezogenen kommen aus Somalia oder dem Rif-Gebirge, denn die, so argwöhnen sie, erliegen nur den Verlockungen der niederländischen Toleranz und der Sozialhilfe.

So fand denn auch die Fremdenpolizei meine Entscheidung, in die Niederlande zu ziehen, höchst verdächtig. Sie empfing mich mit einer amtlichen Vorladung. Ich sollte nach dem ›Gesetz zur Verhinderung von Scheinehen‹ unverzüglich vorsprechen, damit meine wahren Motive überprüft werden konnten.

Bei solchen Schreiben überfällt mich immer eine leichte Panik. Die in einem Deutschen tief verankerte Lebensweisheit ›Mit Behörden spaßt man nicht‹ ist einem Holländer aber gänzlich fremd.

Der Friese blieb dann auch äußerst gelassen.

»An dem Termin, den Sie vorgeschlagen haben, können wir leider nicht«, flötete er ins Telefon. »Da soll nämlich unser Baby geboren werden.«

Nach einem angeregten Schwätzchen mit der Dame vom Amt teilte er mir mit: »Wir sollen uns wieder melden, wenn wir Zeit haben.«

Einige Wochen später fanden wir uns dann zum Scheinehentest ein. Gemeinsam mit einigen Dutzend anderen hoffnungsvollen Neuankömmlingen aller Hautfarben meldeten wir uns in einer fensterlosen Baracke am Stadtrand. Die Türen zu den Büros hatten keine Klinken. Aus dem Kaffeeautomat kam etwas, das mich entfernt an das Kochwasser von roter Beete erinnerte. Im Snackautomat lagen noch zwei Snickers und eine Rolle Pfefferminzbonbons.

Sechs Stunden verbrachten wir auf grauen, am Boden festgeschraubten Plastikstühlen. Irgendwann verstummte auch unser munteres Geplauder, und wir sahen ebenso dumpf vor uns hin wie alle anderen. Nur Marten krähte ab und zu. Ihm machte es offensichtlich nichts aus, in der Baracke zweimal gestillt zu werden.

Dann wurde endlich unsere Nummer aufgerufen. H 323. Wie von Geisterhand öffnete sich eine der klinkenlosen Türen. Wir betraten einen kleinen Raum. Hinter dem Schalter saß eine Beamtin und blätterte in einigen Papieren. Sie sah mich an, dann das Baby, dann den Friesen, und warf wieder einen Blick auf die Papiere. Mir wurde mulmig zumute. Wieder und wieder glitt ihr Blick vom einen zum anderen. Dann, endlich, sagte sie etwas.

»Bezahlen Sie schon mal«, trug sie dem Friesen auf, »dann stelle ich Ihrer Frau die Fragen.«

Kam nun die Frage nach der Farbe unserer Zahnbürsten? Hätte ich vielleicht doch die Fotos von unserer Hochzeit mitnehmen sollen? Ich fühlte mich wie Gérard Depardieu in ›Green Card‹.

»Na ja«, sagte die Beamtin, als der Friese ihr Kabuff verlassen hatte. »Es scheint alles in Ordnung zu sein. Das mit den Fragen können wir uns wohl sparen.«

Sie unterschrieb ein Papier, drückte einen Stempel drauf und reichte es mir. Die Aufenthaltsgenehmigung. Zum Abschied strich sie Marten, der nun offiziell kein Scheinbaby war, über den Kopf. Und nachdem der Friese mit seiner Unterschrift dann auch noch hoch und heilig geschworen hatte, dass ich im Notfall nicht dem Staat, sondern ihm auf der Tasche liegen würde, durfte ich bleiben.

Muss ich jetzt erneut zu der Dame?, fragte ich mich auf einmal. Mir wurde ganz blümerant. Was für einen triftigen Grund sollte ich denn angeben, warum ich hierbleiben musste?

Aber im Europa der offenen Grenzen hatte sich das ja wohl inzwischen erledigt. Solange ich genug verdiente und beim Staat nicht die Hand aufhalten würde, war alles kein Problem.

Es wird Zeit, dass ich mich wieder ums Geldverdienen kümmere, dachte ich. Ich holte mir einen Kaffee und breitete die Zeitungen vor mir aus.

Da klingelte das Telefon. Kees, mein Kontaktmann im Rathaus.

»War es noch nett mit deinen Freundinnen am Samstag? Was für ein Zufall, dass wir uns da getroffen haben. Na ja, Amsterdam ist eben doch ein Dorf. Hast du eigentlich den Pressebericht bekommen?«

»Sorry, aber ich komme heute schlecht in Gang«, meinte ich und klickte schnell auf meinen Posteingang. 85 E-Mails. Er wartete nicht ab, bis ich die alle gelesen hatte.

»Amsterdam ist die multikulturellste Stadt der Welt. Hier wohnen Menschen aus 177 Nationen. Mehr als in New York.« Kees war entzückt.

»Interessant«, erwiderte ich. »Und warum kommen die alle hierher?«

»Wieso?«, fragte Kees verwirrt. »Amsterdam ist schließlich das drittwichtigste Finanzzentrum Europas. Außerdem war Amsterdam schon immer ein Magnet. Das liegt an der Toleranz. Hier darfst du mehr als anderswo. Gerade du kannst das doch täglich sehen, op de Wallen.«

Ich erzählte ihm von dem wild pinkelnden Briten.

»Das meine ich nicht. Denk doch mal lieber an die alte Kirche in deiner Straße.«

Kees versäumte es nie, mich auf die Sehenswürdigkeiten seiner Stadt hinzuweisen. In diesem Fall kannte ich das unscheinbare Grachtenhaus neben meinem Büro schon. Auf dem Dachboden befand sich eine Kathedrale in Miniaturformat.

»De Wallen sind doch die Wiege der Toleranz«, meinte Kees. »Damals im 17. Jahrhundert war die katholische Kirche zwar verboten, doch solange die Katholiken weder Glocken läuteten noch ein Kruzifix an die Fassade nagelten, ließen die calvinistischen Kaufleute sie in Ruhe. Die hatten nämlich etwas Besseres zu tun, als Andersgläubige zu verfolgen. Geld verdienen zum Beispiel. Unruhe im Land störte nur den Handel. Toleranz war schlicht und einfach billiger. Und was damals für die Katholiken galt, gilt heute für Hasch und Huren.«

»Aber es kommen doch nicht alle nur wegen dieser Toleranz«, erwiderte ich. »Was ist mit der Liebe? Habt ihr das noch nicht untersucht?«

Am anderen Ende der Leitung blieb es still.

»Alle ausländischen Frauen, die ich kenne, sind wegen eines holländischen Mannes gekommen«, bekräftigte ich.

Kees schien überrascht. »Ist das so? Darüber habe ich noch nie nachgedacht. Das muss ich dringend überprüfen.« Er zögerte kurz und räusperte sich. »Sag mal, hast du vielleicht Lust, morgen einen Kaffee trinken zu gehen? Dann können wir ausführlicher darüber sprechen. Ich hol dich von deinem Büro ab.«

Nette Aussichten, dachte ich und nahm mir seinen Bericht über die multikulturellste Stadt der Welt vor.

Täglich bekomme ich mindestens drei solcher Listen. Niederländer sind absolut verrückt danach, vor allem natürlich, wenn sie auf Platz eins stehen, als ob sie unbedingt beweisen müssten, dass auch ein kleines Land groß sein kann: Sie sind die längsten Menschen der Welt, die Kinder die glücklichsten, die Pressefreiheit ist hier am größten, und der Weltmeister im Erbsensuppekochen ist natürlich auch ein Niederländer.

Die Nachfrage auf dem Listenmarkt ist so groß, dass das Angebot an internationalen Studien und Zählungen dem nie entsprechen kann. Daher werden alle naselang nationale Wettbewerbe veranstaltet: der hässlichste Ort, das schönste Gebäude, der längste Schweigemarsch und das umfangreichste Kondolenzregister. Der Vorteil liegt auf der Hand: Bei diesen Listen sind Holländer immer Spitze.

Für Korrespondenten wie mich ist das natürlich äußerst praktisch, denn auch deutsche Redaktionen vertrauen diesen Ranglisten blind. Vor allem, wenn Deutschland es nur auf die unteren Plätze geschafft hat und einen schweren PISA-Schock erleidet. Wenn Holland dann besser abgeschnitten hat, ist das für sie der unumstößliche Beweis, dass bei den Nachbarn im Westen sowieso alles besser ist.

Erstaunlicherweise hatte aber noch nie jemand bemerkt, dass holländische Männer bei ausländischen und gerade deutschen Frauen so ungeheuer beliebt sind. Wenn es eine internationale Rangliste der begehrtesten Ehemänner gäbe, würden sie sicherlich Spitzenergebnisse erzielen. Irgendetwas musste an der Grenze bei Hengelo, Venlo oder Kerkrade geschehen, das die deutschen Frauen dazu trieb, in Scharen Haus und Hof zu verlassen und sich blindlings in ihr holländisches Abenteuer zu stürzen. Und das schon seit Generationen.

Als ich am Nachmittag mein Büro verließ, spielte das Glockenspiel vom Turm der Oude Kerk, der Alten Kirche, ›Tulpen aus Amsterdam‹. Leise summend radelte ich zu dem kleinen Café, in dem ich mich mit meinen Freundinnen verabredet hatte.

Astrid saß direkt am Fenster und hatte bereits einen Minztee vor sich. Ich erzählte ihr von meinen Überlegungen zum Geheimnis des holländischen Mannes.

»Warum stehen wir Frauen eigentlich auf sie?«

»Du meinst wohl eher, warum fallen wir alle auf sie rein«, verbesserte sie mich. »Oft sind sie ja nur eine reine Mogelpackung.«

Astrid hatte auf dem Gebiet weitaus mehr Erfahrung als ich. Sie zeigte auf ihr Handy.

»Da war gerade wieder so ein Typ. Den hab ich übers Internet kennengelernt. Erst war er Feuer und Flamme, und nun schreibt er: ›Sorry, geht doch nicht. Muss erst noch Altlasten entsorgen.‹ Was soll das? Und dann noch per SMS!«

Die Tür zum Café ging auf. Britta. Sie war im Stress.

»Ich hab überhaupt keine Zeit, ich muss die Kinder von der Schule holen. Mein Ex kann wieder mal nicht. Da konnte ich meine Termine natürlich absagen.«

»Na, für einen Espresso wird's ja wohl reichen«, meinte Astrid und hielt ihr die Zigarettenschachtel hin.

»Okay, eine. Die brauch ich jetzt. Mistkerle!«

»Womit wir wieder beim Thema wären«, grinste Astrid und zeigte auch ihr die SMS.

Schweigend sahen wir uns an. Konnte es sein, dass deutsch-holländische Lieben immer in Tränen oder mit unromantischen SMS endeten? Waren wir dafür nicht der beste Beweis?

»Trotzdem kommen immer wieder neue deutsche

Frauen hierher. Und all die hoffnungsvollen Mädels wissen nicht, was sie erwartet. Vielleicht sollten wir einen Beratungsdienst aufmachen mit Erste-Hilfe-Tipps für deutsche Importbräute«, schlug Britta vor. Als Unternehmensberaterin ahnte sie sofort eine Marktlücke.

Eine Weile brüteten wir über Brittas Vorschlag.

»Mal ganz ehrlich«, meinte sie dann. »Wir würden doch auch mit Freuden wieder auf einen Holländer reinfallen. Wer von uns würde schon einen Horst nehmen, wenn er einen Henk kriegen kann.«

Astrid lachte nur kurz auf. »Das ist ja wohl keine Frage. Hier laufen nun mal mehr Henks als Horsts herum.«

»Ich will weder den einen noch den anderen«, warf ich ein und rührte in meinem Milchkaffee. »Ohne Mann ist es doch sehr viel entspannter.«

»Das sagst du jetzt. Wart's nur ab, bis dir plötzlich einer übern Weg läuft.«

Britta hatte ihre Jacke bereits wieder angezogen.

»Apropos«, Astrid sah mich mit wissendem Blick an. »Was ist denn mit diesem Typen von Samstag? Diesem Kees. Hat er schon angerufen? Ha, du wirst rot!«

»Quatsch, ein rein beruflicher Kontakt. Ich treffe ihn morgen.«

Meine Freundinnen grinsten.

»Ich würde jedenfalls sofort wieder einen Holländer nehmen«, sagte Britta. »Es sind keine Machos, und sie waschen ab.«

Ich verkniff mir den Hinweis, dass wir drei alle eine Spülmaschine zu Hause hatten.

Kapitel 4

Astrids Bemerkung von der Mogelpackung hatte mich nicht losgelassen. Am nächsten Vormittag im Büro grübelte ich immer noch darüber. Sollte es tatsächlich so sein, dass Holländer und Deutsche gar nicht zusammenpassten? Allerdings konnten sich all die Tausenden Frauen nicht irren. Auf jeden Fall war die Sache es wert, näher untersucht zu werden.

Da ist sogar eine Story drin, dachte ich auf einmal. Mein journalistischer Jagdinstinkt war geweckt. Im Geiste bastelte ich schon an der Schlagzeile: ›Heirate nie einen Holländer‹, oder ›Holländer statt Spülmaschine‹. Vielleicht konnte ich dabei auch noch das ein oder andere lernen.

Eigentlich war es undenkbar, dass noch nie jemand das Phänomen der erotischsten Grenze untersucht hatte, schließlich gehen Holländer doch sonst allem auf den Grund: wann sie zu Abend essen (um 18 Uhr) und was (Kartoffeln, Gemüse, Fleisch), wie oft sie Sex haben (94-mal pro Jahr) und ob sie noch an Gott glauben (jein).

Und sie sind immer überaus zufrieden, wenn ihre Untersuchungen keine großen Überraschungen ergeben, denn das beweist ja nur, dass sie alles gut geplant haben. Ohne einen gründlichen Plan geschieht gar nichts. Gleich drei Ämter haben den Auftrag, Land und Leben hinter den Deichen generalstabsmäßig zu planen, als müssten sie dem lieben Gott einen ewigen Rechenschaftsbericht vorlegen.

Holländer hegen auch überhaupt keinen Zweifel daran, dass sie gegen jedes unvorhergesehene Ereignis gewappnet sind. Sollte dann doch einmal so etwas Ärgerliches wie eine Flutkatastrophe oder eine Finanzkrise über sie hereinbrechen, rotieren die Planungsämter, um die Vorhersagen für die nächsten hundert Jahre wieder an die neue Situation anzupassen. Im schlimmsten Fall, wenn sich etwa die Staus trotz gründlicher jahrzehntelanger Planung nicht auflösen, wird eine Kommission eingesetzt. Und wenn die zu keinem Ergebnis kommt, dann gibt es eben eine neue.

Die Planungs- und Untersuchungsmanie kann man ärgerlich finden, wenn man sich beispielsweise seit Jahren täglich durch den gleichen Stau quält. Aber man muss immerhin zugeben, dass die Niederländer zumindest ihre beiden größten Feinde der Vergangenheit im Griff haben: Gegen die Nordsee haben sie Dämme aufgeworfen, die sogar der schlimmsten Sturmflut standhalten, und Deutschland ist fest in europäischer Hand.

Irgendwo in diesem gigantischen Plan musste doch auch das Phänomen ›holländischer Mann‹ einen festen Platz haben. Da es sich in diesem Fall weder um ein reines Phänomen aus dem Bereich ›Natur und Landschaft‹ handelte, noch aus ›Wirtschaft und Finanzen‹, kam nur das Soziokulturelle Planungsamt in Frage.

»*Meneer* ist in einer *vergadering*«, sagte die Telefonistin des Planungsamtes, und ich wusste, insistieren hatte keinen Zweck. Wenn Holländer in einer Sitzung sitzen, sitzen sie fest. Eine *vergadering* ist eine Art Naturgewalt, der man sich unterwerfen muss.

»Wie schätzen Sie das denn ein?«, fragte ich vorsichtig. »Sie haben ja sicher Einblick in seinen Terminkalender. Wann, denken Sie, kann ich ihn sprechen?«

»Oh, das kann dauern«, antwortete die Dame. »Es ist ja schließlich *maandagoverleg*.«

Solche Montagssitzungen waren besonders wichtig, so viel wusste ich. Schließlich hatten die Mitarbeiter ja zwei Tage lang nicht gemeinsam überlegen können, wie es nun weitergehen sollte.

»14 Uhr halte ich für eine gute Zeit«, sagte die freundliche Dame, und um weitere Störungen der montäglichen Sitzungsroutine zu verhindern, fügte sie hinzu: »Aber schauen Sie doch lieber auf unserer Website, da gibt es alle Antworten.«

Das niederländische Sitzungswesen ist eine durchaus seriöse Angelegenheit. Im Schnitt verbringen holländische Arbeitnehmer 25 Prozent ihrer Arbeitszeit in Sitzungen. Und damit sind sie, so hatte ein Professor für Sitzungswesen festgestellt, Sitzungsweltmeister. Ob es nun um den Bau einer Autobahn oder einer neuen Schaukel auf dem Kinderspielplatz geht, immer müssen möglichst viele möglichst ausführlich darüber beraten. In einem Land, in dem noch nicht einmal der Ministerpräsident ein Machtwort sprechen darf, hat das Kollektiv das Sagen, und das kostet eben Zeit.

Beim Planungsamt kam ich zumindest an diesem Vormittag nicht weiter. Ich überlegte. Da fiel mir meine Verabredung mit Kees ein. Vielleicht hatte er ja schon etwas herausgefunden.

Kees ist *adviseur*, Berater der Stadt Amsterdam in allen Dingen, die mit *expats* zu tun haben. Diese gut ausgebildeten und vor allem finanziell gut *gestellten* Ausländer sollen es in der niederländischen Hauptstadt so nett wie möglich haben. Dafür sollte Kees sorgen. Und zu seiner Zielgruppe, dachte ich, gehörten ja sicherlich auch die Frauen.

Gegen 11 Uhr, der traditionellen *koffietijd*, Kaffeezeit, klingelte er.

Als ich aus dem Haus kam, sah ich es sofort: Kees trug einen Anzug. Ich hatte ihn bisher nur in alten Jeans, Kapuzenpulli und je nach Witterung Turnschuhen oder Slippers gesehen. Seine grauen Haare aber waren wuschelig wie immer, als wäre er gerade aus dem Bett gestiegen.

»Was ist los, musst du zur Königin?«

Er strich leicht verlegen über das Revers seines Jacketts.

»*Vergadering.*«

Er beugte seinen langen Oberkörper ein gutes Stück zu mir herab, um mir die traditionellen drei Begrüßungsküsse zu geben. Mein Freund Jan lästert häufig, ich sei ein Knirps. Das stimmt natürlich überhaupt nicht und trifft höchstens zu, wenn man mich mit holländischen Frauen vergleicht. Außerdem ist Kees nun wirklich sehr lang.

Kees habe ich schätzungsweise zehn Minuten lang gesiezt und zweimal die Hand zur Begrüßung geschüttelt, dann gingen wir sofort zum Küssen über.

»Jetzt haben wir uns zweimal gesehen, dann können wir auch küssen«, hatte er entschieden. Und mir war das auch gar nicht unangenehm.

Beim holländischen Begrüßungskuss kann es sich nämlich um eine durchaus sinnliche Angelegenheit handeln. Der Holländer reibt die Wangen aneinander und haucht dabei drei Küsse in die Luft, ziemlich nah beim Ohr. Das Küssen haben die Niederländer von den Franzosen, wie sie überhaupt gerne aus anderen Ländern das klauen, was ihnen am besten gefällt. Von den Amerikanern haben sie das *sorry* und von uns Deutschen so wertvolle Worte wie ›Rücksichtslosigkeit‹ und ›Fingerspitzengefühl‹ übernommen.

Kees und ich wollten gerade nach links in die kleine Gasse einbiegen, da trat mein Nachbar Klaas vor seinen Laden. Er verschränkte seine breiten, muskelbepackten Arme vor der Brust, so dass sich die blaugrünen Tätowierungen langsam bewegten. Sein kahlgeschorener Kopf glänzte. Er nickte mir zu.

»Na, *koffietijd*?« Er hielt bereits einen großen Becher in der Hand.

Kees nickte ihm zu und blieb stehen. Er lässt keine Gelegenheit aus, mit Leuten auf der Straße ein Schwätzchen zu halten und die Stimmung zu peilen. Insbesondere das Rotlichtviertel liegt ihm am Herzen, denn das verführt ja nicht alle Ausländer zu Begeisterungsstürmen.

Und Klaas ist wahrlich nicht der schlechteste Gesprächspartner, ihm entgeht nämlich nichts. In seinem Beruf kommt es schließlich auf jedes stecknadelkopfgroße Detail an. Klaas ist Tätowierer, und zwar nicht irgendeiner: Er hat das Stechen mit kleinen, mit Farbstoff gefüllten Nadeln zur Kunst erhoben. In irgendeiner Zeitschrift hatte ich mal gelesen, dass jeder Zentimeter auf Klaas' Körper tätowiert sei. Alles eigene Arbeit, bis auf ein paar Stellen natürlich.

»Und, wie laufen die Geschäfte?«, fragte Kees.

Klaas schüttelte betrübt seinen Kopf.

»Geht so. Das Viertel geht den Bach runter. Es ist nicht mehr wie früher. Überall wird gebaut.« Er wies auf die Baugrube vor unserem Haus. »Wie sieht das denn aus? Ist das ordentlich? Ich sehe ja ein, dass die mal was reparieren müssen. Aber das kostet zwei Parkplätze!«

Da Parkplätze in der City ebenso selten und teuer wie

eine blaue Mauritius sind, kam das in seinen Augen schon einem Kapitalverbrechen gleich.

Er hätte ruhig erwähnen können, dass seine Kumpels von den Hells Angels ihre Harleys nun auf den Bürgersteig stellen mussten, dachte ich aufsässig.

»Tja, das ist natürlich ärgerlich«, meinte Kees verständnisvoll.

Wir nickten Klaas noch einmal zu und bogen in die kleine Gasse ein.

»Was ist das denn für eine besondere Sitzung, für die du extra einen Anzug anziehst?«, wollte ich wissen, während wir uns an den Männern vorbeidrückten, die betont langsam an den Fenstern vorbeischlenderten und die Damen taxierten.

»Es geht um unser Willkommensprojekt. Das kommt in die entscheidende Phase. Und die Japaner und Engländer legen eben Wert auf solche Formalitäten.«

Seit mehr als drei Jahren arbeitete Kees an diesem Projekt. So hatten wir uns auch kennengelernt. Irgendwann hatte er nämlich auch ausländische Journalisten um ihre Meinung zur Amsterdamer Gastfreundschaft gefragt.

Inzwischen hatten wir den *Nieuwmarkt* erreicht und setzten uns auf die Terrasse des Cafés *Het Loosje*. Vor uns lag *De Waag*, die alte Waage.

Normalerweise verschaffte mir der Anblick des grauen mittelalterlichen Bauwerks mit den fünf Türmen immer eine leichte Gänsehaut. In einem der gedrungenen Türme hatte der 26 Jahre alte Rembrandt beobachtet, wie Dr. Nicolaes Tulp bei dem düsteren Licht, das durch die kleinen Fenster und Schießscharten fiel, eine Leiche sezierte. Vermutlich von einem armen Schlucker, der kurz zuvor sein Leben am Galgen gelassen hatte.

Heute jedoch war es fast windstill, und in der warmen Septembersonne sahen sogar die trutzigen Türme fast schon lieblich aus.

»Seit wir uns damals kennengelernt haben, hat sich ja offenbar nicht viel getan«, stellte ich fest.

»So ein Projekt braucht eben Zeit. Keiner ist prinzipiell dagegen«, sagte Kees gleichmütig, »aber wir müssen ja jeden mit einbeziehen. Da sind die Beamten, die *expats*, Unternehmer, Gewerkschaften. Wir müssen einen Konsens finden.«

Während er all die Kommissionen und Gremien aufzählte, die alle ein Wörtchen mitzureden hatten, sah ich mich suchend um. Die Kellnerin stand an der Bar und schaute gelangweilt auf das Treiben auf dem Platz.

»Die kommt schon«, sagte Kees. Dass er gleich eine wichtige Sitzung hatte, brachte ihn nicht aus der Ruhe. »Und am Ende müssen noch die Parteien zustimmen.« Er seufzte leicht.

»Du brauchst doch nur die größten zu überzeugen«, meinte ich. Ich wusste zwar, dass es keinen Sinn hatte, ein Machtwort zu fordern; Holländer schlagen nicht mit der Faust auf den Tisch. Aber in einer Demokratie entschied doch noch immer die Mehrheit.

»So einfach ist das nicht.«

Auch Kees schaute nun suchend zur Bar. Die Kellnerin sah wieder sehr angestrengt in die andere Richtung.

»Woran liegt es denn, dass es nicht weitergeht? Am Geld?« An irgendetwas musste es doch liegen, wenn so ein Plan seit drei Jahren in allen möglichen Gremien kursierte, als wäre es ein Rinderbraten, der nur durch langes Schmoren immer besser wird.

»Nein, aber wir brauchen *draagvlak*. Wir müssen jeden ins Boot kriegen.«

Wenn es ernst wird, dann greifen Holländer immer gern zum Wasser, um die richtigen Worte zu finden. Da wird gesteuert, gerudert und in See gestochen, werden Segel gesetzt und Bojen verankert, was das Zeug hält. Und ohne *draagvlak*, Tragfläche, geht gar nichts. Am liebsten haben sie eine Basis von 16 Millionen Einwohnern.

Kees blieb trotzdem frohgemut. Frustration kam in seinem Wortschatz nicht vor. Fast hatte ich den Eindruck, er genösse das Gehänge und Gewürge. Holländer nennen das *poldern*. Während sie noch in ihren Kommissionen saßen, hatten andere Länder schon ganze Kontinente erobert.

»Wenn ihr bei jeder Sturmflut erst eine Kommission einrichten müsst, dann kriegt ihr schnell nasse Füße.«

Kees sah mich stirnrunzelnd an. Wenn es um den Kampf gegen das Wasser geht, kennen Holländer keinen Spaß.

»Das Wasser haben wir im Griff, und wenn es nötig ist, packt jeder mit an.«

Da hatte er natürlich recht. Denn wie sonst hätten sie es jemals zustande gebracht, die Wassermassen zu bezwingen und ihnen auch noch Land abzutrotzen, eben jene Polder. Und während andere Länder ihre Kontinente schon längst wieder verloren hatten, hielten die holländischen Deiche immer noch.

»Ich werde mal reingehen und bestellen.«

Kees wollte sich schon erheben, doch ich kam ihm zuvor.

»Können wir bestellen?«, trompetete ich über die Terrasse.

Kees zuckte zusammen. Den deutschen Befehlston à la ›Herr Ober, wir wollen zahlen, aber schnell‹ schätzte er gar nicht.

»*Sorry*«, sagte ich entschuldigend. »Es ist eine Notlösung, aber sie funktioniert.«

Die Kellnerin war im Nu bei uns, natürlich beleidigt. »Sagt doch einen Ton, wenn ihr etwas wollt.«

Als ob wir nur dagesessen hätten, um die Qualität der Korbstühle zu testen. Ich schluckte eine bissige Antwort hinunter und bestellte.

»Die Lage ist prekär«, fuhr Kees fort. »Amsterdam ist auf der Liste der attraktivsten Wirtschaftsstandorte der Welt auf Platz elf gesackt. Wir müssen wieder in die Top Ten.«

Das war tatsächlich ernst. Wenn das Land ins Mittelfeld abzurutschen drohte, kam das einer Apokalypse sehr nah.

»Die Konkurrenz schläft nicht. Weißt du, was unser großes Problem ist? Es gibt keinen Service. Alle Ausländer klagen über die Unhöflichkeit.«

Ich nickte und erinnerte mich lebhaft daran, wie mich neulich im schicksten Kaufhaus der Stadt eine Kassiererin lauthals als blöde Kuh beschimpft hatte, weil ich es gewagt hatte, sie beim Telefonieren zu stören. Ich nippte an meinem Kaffee.

»Beim Wort ›Dienstleistung‹ denken wir eben gleich, dass wir buckeln müssen und uns unterordnen sollen. Und das wollen wir absolut nicht. Service ist für die meisten überflüssiger Schnickschnack.«

Kees schwebte eine Erziehungskampagne vor.

»Alle – Unternehmer, Beamte, Busfahrer, bis hin zum Straßenkehrer – müssen lernen, mit den servicegewohnten Ausländern ordentlich umzugehen.«

Ich sah ihn zweifelnd an. Das war tatsächlich eine Mammutaufgabe.

»Man kann Menschen erziehen, selbst Holländer«, sagte er.

Wie alle seine Landsleute war er davon überzeugt, dass mit Erziehung alles zu erreichen sei. Wo sonst würde eine Regierung das Volk auch täglich mit TV-Spots und Plakaten auffordern, zweimal in der Woche Fisch zu essen, keine Schulden zu machen und den Abfall in den Mülleimer zu schmeißen?

Kees tastete suchend auf seiner Untertasse.

»Wir haben noch nicht einmal einen Keks bekommen«, stellte er missmutig fest.

»Das solltest du dringend in dein Projekt mitaufnehmen«, lästerte ich. »Irgendwo muss man ja anfangen.«

»Genau. Weißt du, was uns diese Unhöflichkeit kostet? Millionen Euro. Wenn die Geschäftsleute das wissen, sind sie auch bereit, etwas zu ändern.«

»Da ist etwas dran. Wenn's ums Geld geht, sind Holländer zu vielem bereit. Trotzdem habe ich da meine Zweifel. Die Geschäftsleute haben doch bisher auch ohne Kundenservice gut verdient. Und die Klagen über die Unhöflichkeit sind ja absolut nicht neu. Schon Voltaire hat sich maßlos über die ›unverschämten Krämer‹ aufgeregt. Wenn man es so sieht, dann steht ihr am Vorabend einer Revolution.«

»Pionierarbeit, würde ich sagen«, verbesserte mich Kees. »Wir haben es nicht so mit den Revolutionären.«

»Die braucht ihr auch nicht«, meinte ich, »wenn sowieso das ganze Volk mitentscheiden darf. Kein Wunder, dass es hier noch nie eine Revolution gegeben hat. Die wäre garantiert in irgendeiner Sitzung gescheitert.«

Kees lachte. »Trotzdem. Holländer sind Rüpel, das stimmt schon. Ihr Deutschen dagegen seid immer so höflich und zuvorkommend.«

So ein uneingeschränktes Lob ist mir prinzipiell suspekt.

»Dann hast du noch nie in Frankfurt um 17 Uhr in einer vollen U-Bahn gestanden oder an der Supermarktkasse kurz vor Ladenschluss. Wir Deutschen lieben nun mal gerade das Lockere und Freche an euch Holländern. Das unterscheidet euch von anderen.«

Das war der Moment, das Gespräch auf das Männerthema zu lenken.

»Aber wenn ihr alle Rüpel seid, warum fliegen dann all die ausländischen Frauen auf holländische Männer?«

Kees lächelte geschmeichelt und strich sich über seine Brust. »Das hat ja wohl andere Gründe.«

Er sah mich neugierig an, und ich meinte sogar, ein interessiertes Aufflackern in seinen Augen zu sehen.

»Welche denn?«

»Na ja«, Kees zögerte, »darüber sollten wir uns ein andermal ausführlicher unterhalten. Beim *borrel* vielleicht?«

»Vielleicht«, sagte ich und fühlte ein klitzekleines Kribbeln in meinem Bauch. Das Gespräch hatte eine entschieden andere Wendung genommen, als ich mir vorgestellt hatte. Wir sahen uns eine ziemlich lange Weile verhalten lächelnd an.

»Ich muss gehen«, sagte er dann mit einem Blick auf die Uhr. »Wie wäre es mit nächster Woche? Ich ruf dich an.«

Ein Rüpel, dachte ich auf dem Weg zurück ins Büro, das ist Kees jedenfalls nicht.

Irgendwie schien er mir ein Typ zu sein, der unaufgefordert den Müll rausträgt. Ein *borrel* mit ihm konnte absolut nicht schaden.

Kurz nach 14 Uhr wählte ich noch einmal die Nummer des Planungsamtes. Ich hatte wieder kein Glück.

»Worum geht es denn eigentlich?«, fragte die Telefonistin.

Ich schilderte ihr mein Anliegen.

»Wie spannend«, rief sie begeistert. »Ich sorge dafür, dass er dich zurückruft.«

Und das tat *meneer* van Dijk vom Planungsamt tatsächlich.

»Ist der holländische Mann für ausländische Frauen besonders attraktiv? Eine interessante Frage«, sagte er. »Das kann ich Ihnen nicht so schnell sagen. Wissen Sie, was wir schon alles untersucht haben? Das füllt ganze Bibliotheken. Wenn ich das alles durchschauen muss, dann dauert es bis Weihnachten. Bei dem Personalmangel bleibt ja jetzt schon viel zu viel liegen.«

Ich murmelte etwas von »viel Verständnis« und »sicher nicht so einfach«.

Meneer van Dijk seufzte. »Es ist aber interessant.« Er legte eine kleine Pause ein. »Sie sind doch nächste Woche sicher auch in Den Haag beim *Prinsjesdag*. Dann können wir uns treffen. Bis dahin hab ich sicher schon etwas.«

Ich legte auf und schrieb den Termin groß in meinen Kalender. Eigentlich hatte ich nicht vorgehabt, bei der Thronrede der Königin dabei zu sein. Bisher hatte sich noch nie jemand in der Redaktion für Beatrix' wohltemperierte Worte interessiert. Sie war schließlich nicht Obama. Aber wenn ich mit meiner Suche nach dem Geheimnis des holländischen Mannes weiterkommen wollte, dann blieb mir wohl nichts anderes übrig. Außerdem würde mir so ein bisschen königliche Folklore sicherlich auch ganz gut tun.

Kapitel 5

Einige Tage später traf ich Hetty am frühen Nachmittag auf der Straße. Sie hatte sich einen halben Tag freigenommen.

»Heute kommt unser neues Bett«, erklärte sie.

»Wie, du schwänzt die Arbeit nur für ein kleines Probeliegen am Nachmittag?«

»Natürlich nicht!«, entgegnete sie leicht gereizt. »Das Ding muss ja nach oben transportiert und dann auch noch zusammengebaut werden.«

Ich nickte verständnisvoll. Schließlich verfügte ich über eine langjährige Erfahrung im Montieren schwedischer Einrichtungsobjekte und dem Lesen der dazugehörenden Bastelanleitung. »Ich helfe euch«, versprach ich.

Auf dem Bürgersteig vor ihrem Haus lagen bereits diese bekannten Pakete, die das Möbelhaus als ›ungeheuer handlich‹ umschreibt, und aus denen sympathische Menschen in aller Welt im Handumdrehen eine elegante Liegestätte zaubern können, ohne jemals ihr strahlendes Lächeln zu verlieren. Jan zählte sicherlich zu dieser Spezies. Nun aber sah er prüfend auf die fast vier Quadratmeter große, in Plastik gewickelte Matratze der Marke Edlund.

»Die passt nicht durchs Treppenhaus«, sagte er mit Kennermiene.

»Natürlich passt sie, ihr habt es doch noch gar nicht probiert.« Es war mir einfach so herausgerutscht.

Jan sah mich mit jenem mitleidigen Blick an, den er immer Frauen schenkt, die meinen, rechnen oder messen zu können.

»Dass du für so etwas einen Blick hast, sieht man ja an deinem Küchenschrank«, sagte er.

Mein Küchenschrank ist tatsächlich eine tägliche Mahnung, dass ich meine Heimwerkertalente manchmal leicht überschätze. Er passt zwar genau in die vorgesehene Ecke, nur lassen sich die Türen nicht mehr öffnen.

»Das liegt an den schiefen Wänden«, meinte ich.

»Das wird's wohl sein«, spottete Jan und griff zu einem Flaschenzug. Um seine Schulter hatte er bereits ein dickes Tau gewickelt, und mit der großen rostigen Winde in der Hand sah er aus, als bereite er sich vor, den Mount Everest zu besteigen.

»Wir takeln«, sagte er, verschwand durch die Haustür und begann seinen Aufstieg zum Dach, wo über der schmalen Dachluke ein Querbalken hing.

»Jan kennt unsere Treppe«, sagte Hetty. »Edlund ist schließlich nicht das erste Möbelstück, das wir in den dritten Stock wuchten.«

Ich wagte keinen Widerspruch mehr. Schließlich hatte Jan Augenmaß und Hetty in Sachen Treppe recht.

Im Rest der Welt würde eine holländische Treppe wohl eher unter die Rubrik Leiter fallen. Sogar mein Umzug nach Holland wäre an so einem Modell beinahe gescheitert.

»Wie soll ich da hochkommen?«, hatte ich entgeistert gefragt, als ich den Friesen kurz nach unserem Australienabenteuer in Amsterdam besuchte. Nach den ersten leidenschaftlichen Küssen noch am Flughafen waren wir zu seiner Wohnung gefahren. Die Leidenschaft hörte genau in dem Moment auf, als er die Haustür öffnete und ich die Treppe sah: »So eine Treppe verstößt gegen jede Menschenrechtskonvention.«

Vor mir ging es steil nach oben, das Ende lag außerhalb meines Sichtfeldes. Selbst Füße mit Schuhgröße 34 passten nur diagonal auf eine Stufe. Irgendwie musste ich damals nach oben gekommen sein – der im Turnunterricht einstudierte Vierfüßlergang hatte sich bezahlt gemacht. Die Treppe hatte ich an jenem Wochenende nur noch selten benutzt. Doch das lag wiederum an anderen Dingen.

Im Laufe der Zeit hatte ich mich dann zwar sowohl an die lebensfrohen marokkanischen Nachbarn als auch an die Aussicht auf das städtische Gefängnis gewöhnt. Nicht jedoch an die Treppe. Jedenfalls weigerte ich mich kategorisch, in diese nur unter Lebensgefahr erreichbare Wohnung einzuziehen.

»In Amsterdam kriegst du erst dann eine Erdgeschosswohnung, wenn du einen Rollator brauchst«, behauptete der Friese. »Du kannst nicht einfach so zum Makler gehen und dir eine aussuchen. Du musst angemeldet sein.«

»Wieso anmelden? Ich will doch keine Sozialwohnung.«

Der Friese seufzte. »Die meisten Mietwohnungen gehören Wohnungsbaugesellschaften. Und da musst du dich eben anmelden und warten, bis du an der Reihe bist. Das dauert dann schon mal 20 Jahre.«

»So lange musste man in der DDR auf einen Trabbi warten«, entgegnete ich. »Habt ihr noch nie etwas vom freien Spiel der Kräfte gehört, von Angebot und Nachfrage? Anmelden, warten, zuweisen – wo gibt's denn so was?«

Nun wurde er ungeduldig. Er hatte diesen Blick, der den bissigen Satz ›Bei euch ist sicher alles besser‹ ankündigte. Aber darauf verzichtete er dann doch.

»Es gibt eben nicht genug Wohnungen. Und die müssen so gerecht wie möglich verteilt werden. Alle werden gleich behandelt.«

»Manche werden ja wohl etwas gleicher sein«, zischte ich zurück.

»Klar«, sagte er. »Wenn du reich bist oder fünf hungrige Kinder hast, geht es natürlich etwas schneller.«

Zwanzig Jahre dauerten mir entschieden zu lang. Allerdings waren wir nicht wohlhabend, und es war auch erst die Nummer eins unterwegs. Aber wenn ich nicht in einer öden Vorstadtsiedlung versauern wollte, musste ich mich den Gegebenheiten anpassen. Nur in einem Punkt blieb ich unerbittlich: Wir mussten eine Wohnung finden, die man auch ohne Kletterausrüstung erreichen konnte.

»Warum kaufen Sie nicht einfach eine Wohnung?«, fragte *meneer* Groen, unser Makler.

Meneer Groen sah ebenso gediegen aus wie das Büro, in dem er uns empfangen hatte. Er saß in seinem grauen Tweedsakko hinter einem Mahagonischreibtisch, um das Oberhemd mit dezent beigem Karo hatte er eine unauffällige Krawatte geschlungen und das spärliche graue Haar mit Pomade nach hinten frisiert. Dies war eindeutig kein Makler der schnellen Sorte, der uns zu unüberlegten Geschäften verleiten wollte. Wir waren seine letzten Kunden vor der Pensionierung, hatte er uns erzählt.

»Wenn Sie nicht kaufen, würden Sie Ihr eigenes Portemonnaie stehlen«, zitierte er das holländische Sprichwort und sah sehr sorgenvoll aus. Das hieß so viel wie ›Sie wären schön blöde‹.

»Sie brauchen auch gar kein Geld. Das gibt Ihnen die Bank, und der Staat senkt noch dazu die Steuern.«

Zum ersten Mal hörte ich das Zauberwort *hypotheekrenteaftrek*. Heute weiß ich, dass das mehr bedeutet als nur den Steuerabzug der Hypothekenzinsen. Das H-Wort ist in diesem Land, in dem von der Versteigerung von Spendernieren bis zur Selbstmordpille so ungefähr alles besprochen wird, das oberste Tabu. Wehe dem Politiker, der an dieser verkappten Subvention zu rütteln wagt. Weil die holländische Regierung hartes Durchgreifen nun einmal gar nicht mag und auch reiche Menschen nicht aus ihren Sozialwohnungen verjagen will, hilft sie Leuten ohne Kapital, zu Eigenheimbesitzern zu werden.

Dennoch waren Wohnungen mit menschen- und vor allem babyfreundlichen Treppen selten oder unerschwinglich. Wochen und einige Dutzend Besichtigungen später gab ich mich geschlagen: Eine kurze Treppe würde ich akzeptieren.

Dann ging alles ganz schnell.

»Ich hab sie«, rief *meneer* Groen eine Woche später begeistert durchs Telefon. »Erster Stock, und nur 15 Stufen!«

»Die nehmen wir«, sagte ich ohne zu zögern.

Meneer Groen bestand aber trotzdem darauf, dass wir die Wohnung zuerst besichtigen sollten. Das war auch berechtigt.

»Sie ist in originalem Zustand«, hatte er uns noch gewarnt.

Das hieß im Klartext: Seit 1929 hatte sich praktisch nichts geändert. Es gab keine Heizung, in den Holzfußböden waren große Krater, als hätte der vorige Bewohner sich im Kugelstoßen geübt. Und vor dem Spülbecken aus

Granit musste selbst ich in die Knie gehen, um den Hahn aufzudrehen.

»Immerhin gibt es Strom und fließendes Wasser«, sagte der Friese mit leichter Verzweiflung.

Doch wenn ich mir etwas in den Kopf gesetzt habe, dann kann mich nichts und niemand davon abbringen.

»Sieh dir doch mal die bleiverglasten Fenster an und diese hübsche Holzvertäfelung.«

Der Friese nickte stumm.

»Sie müssen darüber hinwegsehen«, meinte *meneer* Groen und hielt uns davon ab, das Bad zu betreten, in dem sich ein paar Stromkabel in einer Pfütze schlängelten. »Das kann sehr nett werden.«

Er überprüfte mit seinem Taschenmesser, ob wenigstens die Fensterrahmen nicht verrottet waren.

Nur einen Balkon vermisste ich. *Meneer* Groen war erleichtert, denn das war seiner Meinung nach gar kein Problem.

»Bei unserem holländischen Wetter brauchen Sie sowieso keinen, und im Sommer können Sie ja nach Bakkum an die Nordsee fahren. Wir machen das schon seit 40 Jahren und sind praktisch den ganzen Sommer da. Das ist sehr gesellig.«

Bakkum? Ich dachte an einen idyllischen Badeort, praktisch vor der Haustür, und war entzückt.

»Meine Frau ist nicht so fürs Zelten«, sagte da der Friese bedauernd.

»Oh nein«, gab ich unumwunden zu und nahm den gezielten Rippenstoß meines Mannes nicht zur Kenntnis. »Ich mag es nicht, mit hundert Menschen ein Klo zu teilen.«

Aber was hatte ein Badeort mit einem Campingplatz zu tun? Ich wusste noch nicht, dass jedes Jahr ab April gut und gerne 7 000 Amsterdamer in Bakkum wohnen und freudig ihre Etagenwohnung mit einem Zelt oder Wohnwagen vertauschen, um den Sommer neben denselben Nachbarn wie in der Stadt zu verbringen.

Schon allein die Aussicht darauf erfüllte *meneer* Groen mit großer Freude: »Es ist so idyllisch in der freien Natur. Aber wenn Sie das einfache Leben nicht lieben, kann man nichts machen.«

In der Tat: Mich erfüllt schon die Vorstellung einer Kleingartenkolonie mit kollektivem Rasenmähen am Freitag und Zwangsgrillen mit den Laubennachbarn am Samstagabend mit leichtem Grausen.

Unser Makler schenkte mir einen Blick, der mich eindeutig als deutsches Luxusweibchen einstufte: »Es gibt übrigens sehr komfortable Wohnwagen in Bakkum. Nur einen Platz bekommt man nicht so einfach, dafür gibt es sehr lange Wartezeiten.«

Meine Prinzipien in Sachen Treppe sollten sich übrigens bereits wenig später als unhaltbar erweisen, zumindest wenn ich in meiner Wohnung nicht versauern wollte.

Als ich Hetty das erste Mal besuchte, stand ich erneut vor so einem Ungetüm. 67 Stufen, die sie mühe- und vor allem klaglos mitsamt Kinderwagen, Baby und Einkaufstaschen bewältigte. Ich hatte damals kurz erwogen, unsere Verabredung spontan in das nächste Café zu verlegen. Zum Glück beschloss ich, die Herausforderung anzunehmen.

Die Treppe von Jan und Hetty konnte ich inzwischen selbst mit einer dreistöckigen Sahnetorte in der Hand und einem quengelnden Kind am Arm in zügigem Tempo besteigen. Umzugserfahrung mit so einer Treppe hatte ich allerdings nicht. Leise Zweifel beschlichen mich, ob ich meine Hilfe nicht voreilig angeboten hatte.

Jan war inzwischen bei der Dachluke angelangt und kletterte hinaus. Mit dem einen Fuß stand er auf dem schmalen Sims, der andere hing irgendwo in 15 Metern Höhe in der Luft, während er sich nach oben reckte, um den Flaschenzug in dem dafür vorgesehenen Eisenring am Querbalken zu verankern.

»Sollte man nicht lieber eine Firma beauftragen oder einen Kran bestellen?«, fragte ich Hetty. »Jan trägt ja noch nicht einmal einen Helm.«

Hetty warf mir über ihre Brille einen herablassenden Blick zu. »Wie wär's denn mit Martens Fahrradhelm?«

Dieser war jahrelang eine Quelle größter Heiterkeit für meine Freunde gewesen – und nicht nur für sie. Marten war das einzige Kind, das sich gut geschützt auf den Schulweg machte.

Mit meinem Sicherheitsbedürfnis hatte ich mich schnell als Deutsche geoutet, die allzeit auf das Schlimmste gefasst oder zumindest darauf vorbereitet sein will. Doch all meinen Hinweisen auf wissenschaftliche Untersuchungen über die schwerwiegenden Folgen eines möglichen Sturzes folgten nur weitere Lachsalven und die rituelle Bemerkung: *Het zal wel meevallen* – das wird schon nicht so schlimm. Denn Holländer rechnen eigentlich immer mit dem günstigsten Fall.

Ich wagte kaum einen Blick nach oben. Schon bei dem Gedanken an die waghalsige Kletterpartie auf dem Dach brach mir der Schweiß aus. Meine Freundin nahm keine Notiz von mir.

Auf einmal rief Jan uns irgendetwas zu. Es klang wie ›Achtung‹. Ich schaute nach oben.

In diesem Moment ergriff Hetty meinen Arm und riss mich zur Seite. Da, wo wir gerade eben noch gestanden hatten, baumelte nun das dicke Tau.

Hetty hielt sich nicht lange mit dem Beinahe-Unfall auf. Sie ergriff das Tau, schlang es um die Kingsize-Matratze und verknotete es mit geübten Griffen, als ob es die Schnürsenkel ihres Sohnes wären. Ich kam mir reichlich überflüssig vor. Meine Freundin war nicht nur ein Treppen- und Umzugsprofi, sondern hatte auch immense Erfahrung mit dem Aufbau von Zelten.

»Lass mal«, sagte sie gönnerhaft, als ich im stümperhaften Versuch, ihr zu helfen, eine Ecke der Matratze anhob. Mit ihren sorgsam manikürten Händen legte sie eine kunstvolle Schlinge nach der anderen und verschnürte Edlund zu einem handlichen Paket.

Dann schickte sie mich nach oben, da war ich nützlicher.

Jan stand bereits am offenen Schlafzimmerfenster. Unten hatte der Blumenhändler seinen Stand an der Ecke verlassen und gemeinsam mit Hetty das Seil genommen. Sie zogen.

Inzwischen waren auch unsere Kinder aus der Schule gekommen und hatten es sich auf der Bordsteinkante gemütlich gemacht. Gespannt schauten sie zu, wie Edlund in die Luft ging. Langsam, aber gleichmäßig schwebte die Matratze in Richtung dritter Stock. Wenig später wuchteten Jan und ich sie durchs Fenster.

»Eure schmalen Häuser sind ja äußerst pittoresk, aber praktisch sind sie nicht«, meinte ich wenig später, als wir die Matratze aus der Plastikhülle entfernten. »Und warum baut man dann auch noch so enge Treppenhäuser?«

Im 17. Jahrhundert, so hatte ich mal gelesen, wurden die Steuern nach der Zahl der Fenster zur Gracht berechnet. Und weil Holländer nun mal sparsame Leute sind, errichteten sie schmale, aber sehr tiefe Häuser mit großen Fenstern. Das Steuersystem hatte sich durchaus den modernen Zeiten angepasst. Nur die Treppenhäuser nicht.

»Das ist alles eine Platzfrage«, sagte Jan. Er hatte von seinem Abenteuer mit dem Flaschenzug noch nicht einmal einen Schweißtropfen im Bart. »Warum sollte man Platz für ein Treppenhaus verschwenden, in dem man sich doch nur ein paar Minuten aufhält? Wir haben lieber größere Zimmer.«

Das sah ich ein. Nicht aber, warum jede Etage ihren eigenen steilen Zugang haben musste.

»Wenn man die drei Treppen in eurem Haus zu einer breiten zusammenfügen würde, würde auch so etwas Sperriges wie Edlund durchpassen.«

Hetty war von der Idee nicht begeistert. »Dann müsste ich ja mit allen Nachbarn mein Treppenhaus teilen!«

»Es ist ja nicht gerade das Klo«, erwiderte ich.

Holländer benutzen ohne weiteres mit Hunderten Wildfremden zusammen die sanitären Anlagen auf einem Campingplatz, doch wenn es um die eigene Wohnung geht, soll die Privatsphäre gleich unten an der Straße beginnen. Ich erinnerte mich, dass *meneer* Groen den eigenen Zugang zu unserer Wohnung als besonderen Luxus gerühmt hatte. Es war auch der einzige.

»Nun ja, es ist eben ein kleines Land, und da muss man zusammenrücken«, sagte Hetty und schob sich in die Küche.

Hettys Küche muss man seitwärts betreten – dafür passen auch drei Leute nebeneinander. Allerdings kann man dann den Kühlschrank nicht mehr öffnen, der praktisch unter der Decke hängt, direkt über der Mikrowelle. Gegen diesen Schlauch war selbst die Küche in meinem Studentenapartment in Amerika ein Ballsaal. Wie meine

Freunde es schafften, hier auch nur eine einfache Mahlzeit zuzubereiten, war mir ein Rätsel. Die Speisekammer eines Flugzeuges war geräumiger. Aber immerhin konnte man alle Schranktüren öffnen, stellte ich neidisch fest.

Wie alle Holländer träumte auch Hetty von einem eigenen Haus, ohne Nachbarn oben und unten, mit einem Garten und vor allem viel Stauraum.

»Das Problem hast du wenigstens nicht mehr. Platz hast du ja jetzt sicher genug, seit nur noch du und Marten in der Wohnung sind«, sagte sie und holte drei Kaffeetassen aus dem Schrank, ohne dabei ins Katzenklo zu treten.

Sie wies auf die Kartons und Plastiksäcke, die sich vor der Küche türmten und die Eingangstür halb verstellten.

»Was ist denn damit?«, fragte ich. »Ihr habt doch nur ein neues Bett bekommen, aber hier sieht es aus, als wolltet ihr umziehen.«

Sie seufzte. »Das kommt alles zu meinen Eltern.«

Zweimal im Jahr unternehmen Hetty und Jan eine Reise nach Groningen, um ihren Besitz saisonbedingt auszutauschen: Campingsachen gegen Winterjacken und umgekehrt.

»Wenn du einen Garten willst und viel Platz, dann müssen wir nach Groningen ziehen oder gleich nach Deutschland«, pflegte Jan immer zu sagen, wenn wir freitagabends zusammen die Wohnungsangebote durchforsteten.

»Oder im Lotto gewinnen«, fügte ich hinzu, wenn meine Freundin mal wieder zu lange bei den Fotos von einer schicken Stadtvilla hängenblieb.

»Warum zieht ihr eigentlich nicht aufs Wasser? So ein Hausboot ist doch sehr romantisch. Und Wasser gibt es hier schließlich mehr als genug.«

Außerdem ziehen Holländer immer aufs Wasser, wenn es in ihrem Land zu eng wird. Seit über 400 Jahren tun sie in diesem Fall das, was sie können wie kein anderer: graben und pumpen. Sie holen sich Baugrund aus dem Wasser wie andere Leute Karpfen. Dazu ziehen sie Kanäle, bauen Deiche, legen das Land mit Pumpen und Mühlen trocken, rammen ein paar Pfähle in den Morast und bauen darauf eine Stadt. Amsterdam etwa.

»In einem schwimmenden Haus hätte ich immer noch keinen Stauraum«, erwiderte Hetty.

»Stimmt. Einen Keller müsste man haben«, seufzte ich.

»Der säuft hier nur ab«, meinte Jan trocken.

Er musste das wissen, schließlich arbeitet er gemeinsam mit 12 000 anderen Beamten im Wasserministerium daran, das keiner nasse Füße bekommt.

»Wie macht das eigentlich die Königin?«, überlegte ich laut. »Wo lagert die den Wein und das gute Silber fürs Weihnachtsessen? Ihr Palast in Amsterdam steht ja auch nur auf Baumstämmen.«

»Sieh dir den Kasten doch mal an«, meinte Hetty. »Da hat sie doch genug Platz. Außerdem ist sie da sowieso nur ein paar Mal im Jahr«

Eines hatte ich mit Beatrix gemeinsam: Seit dem Auszug des Friesen brauchte ich mir wenigstens über Stauraum keine Sorgen mehr zu machen. Ich bot meinen Freunden an, Dinge, die sie doch nur einmal im Jahr brauchten, in meiner Gerümpelbutze unter der Treppe unterzustellen. Für die Steuerunterlagen oder das Fondueset zum Beispiel war neben dem Weihnachtsschmuck und den Backformen noch Platz.

Hetty durchsuchte ihre Tüten und Kisten nach Sachen, die sie mir mitgeben konnte.

»Musst du nicht nächste Woche nach Den Haag?«, fragte sie auf einmal und zog triumphierend eine Hutschachtel hervor. »Du brauchst unbedingt einen Hut.«

Mein Sohn schaute skeptisch, als ich Hettys guten Hochzeitshut aufsetzte. Ein schwarzer Strohhut mit einer Krempe, die so breit war, dass ich mich fragte, wie Jan ihr damit einen Hochzeitskuss hatte geben können.

Marten ging leicht in die Knie und sah mich von unten her an.

»Wieso brauchst du einen Hut? Du bist doch schließlich nicht die Königin.«

Tatsächlich sah ich mit Hettys filigranem Strohhut aus wie Inge Meysel beim Pferderennen in Ascot.

»Damit gehst du doch nicht etwa auf die Straße?«, meinte Marten entsetzt. »Wenn meine Freunde dich so sehen! Das ist ja peinlich.«

»Oder meine Freunde«, murmelte ich zustimmend.

»Unsinn, du nimmst den Hut mit«, meinte Hetty resolut. »Es ist schließlich *Prinsjesdag*, und du gehst zum Empfang.«

Sie war der festen Überzeugung, dass sich eine Frau, die sich auch nur im selben Raum wie die Königin aufhält, dementsprechend kleiden muss. Und am *Prinsjesdag* trägt frau eben Hut.

Mir wäre es nicht im Traum eingefallen, die Autorität meiner Freundin in Sachen holländischer Etikette anzuzweifeln, und schon gar nicht, wenn es um höfische Sitten geht. Damit habe ich nun mal keine Erfahrung. Also zogen wir am Abend mit dem Fondueset, den Steuerunterlagen und der Hutschachtel bepackt wieder ab.

Kapitel 6

Einige Tage später machte ich mich dann auf den Weg nach Den Haag. Auf dem Bahnsteig traf ich zufällig Otto. Mit seinen wirren weißen Locken und dem herabhängenden grauen Schnurrbart hätte er sein Geld locker auch als Albert-Einstein-Double verdienen können, doch Otto füttert den deutschen Zeitungsleser mit allen Neuigkeiten aus dem Land von Käse und Krone. Und das schon seit über 30 Jahren.

»So, du fährst also nach Den Haag. Und wo ist dein Hut?«

Ich zeigte auf die Plastiktüte in meiner Hand.

»Was willst du da eigentlich? Oranje-Folklore? Mehr ist da nicht drin. Was die Königin bei der Thronrede sagt, das will doch keiner hören.«

Otto musste das wissen, er konnte nämlich eine gewinnbringende Schlagzeile riechen wie militante Nichtraucher jedes kleine Tabakslüftchen.

»Tomaten, Fußball, Drogen und allenfalls noch Maximas Schuhe – etwas anderes interessiert doch niemanden. Die Oranjes sorgen ja nicht einmal für saftigen Klatsch. Wie soll man da noch über die Runden kommen?«

In diesem Punkt hatte er recht. Im Vergleich zu den Windsors ging es bei den holländischen Königskindern zu wie beim Missionsnähkreis in einer deutschen Provinzkirchengemeinde. Dass Kronprinz Willem-Alexander ein treusorgender Familienvater war, damit konnte man nun wahrlich keine Zeitungsspalte füllen.

Otto fuhr nach Frankfurt.

»Ich habe meinen jährlichen Check-up. Das kannst du hier ja vergessen.«

Einmal im Jahr machte er in seiner Heimat die Runde bei allen möglichen Fachärzten.

»Da gibt es keine Wartelisten, und man bekommt echte Pillen.«

Diese Klage kannte ich nur allzu gut. Holländische Hausärzte verschreiben grundsätzlich erst einmal gar nichts, sondern entlassen ihre Patienten mit dem guten Rat: ›Nehmen Sie mal ein *paracetamolletje*.‹ Das Allheilmittel von Akne bis Zyste.

»Bei mir wäre es neulich beinah schiefgelaufen«, sagte der Kollege und rieb sich seinen Hintern. »Ich hatte ein böses Furunkel. Hier haben sie mir im Krankenhaus nur ein Pflaster draufgeklebt. Wenn ich nicht den nächsten Flieger genommen hätte, weiß ich nicht, was geschehen wäre. Eine Stunde lang haben sie operiert. Das ging gerade noch gut.«

»Aber die Holländer sterben auch nicht früher als wir Deutsche«, wandte ich ein.

Das ließ er nicht gelten.

»Weißt du, warum das holländische Gesundheitssystem in Deutschland so gelobt wird? Weil es billiger ist. Wenn all diese Gesundheitsreformer einmal in Holland Patient sein müssten, dann sähe die Sache ganz anders aus.«

Ich schaute nervös auf die Uhr. Mein Zug nach Den Haag hätte vor fünf Minuten abfahren sollen. Um spätestens 11 Uhr 30 sollte ich mich beim Rittersaal melden, wenn ich der Verlesung der Thronrede beiwohnen wollte.

»Pünktlich«, hatte die Dame vom Königlichen Presseamt gesagt. »Aber das muss ich Ihnen wohl nicht extra sagen. Sie sind ja Deutsche.«

Warum Deutsche als pünktlich gelten, kann ich im Prinzip nachvollziehen. Holländer erscheinen prinzipiell zehn Minuten zu spät zu einem Termin, als ob sie damit unter Beweis stellen wollten, dass sie sich auf keinen Fall unterordnen würden. Alle anderen fallen dann eben auf.

Der Lautsprecher auf dem Gleis knackte: »Der Intercity nach Den Haag von 10 Uhr 05 kommt wahrscheinlich in ungefähr ein paar Minuten.«

»Zumindest scheint er überhaupt zu kommen, das ist ja auch nicht immer sicher«, höhnte Otto. Er wünschte mir noch *sterkte*, als er in seinen ICE nach Frankfurt stieg.

Sterkte, viel Kraft, wünscht man sich eigentlich bei Beerdigungen. Vor einer Fahrt mit der niederländischen Eisenbahn ist der Wunsch allerdings auch nicht unangebracht. Schließlich weiß man nie genau, ob ein Zug tatsächlich auch am Ziel ankommen wird, geschweige denn pünktlich.

»Grüß Trix von mir«, rief Otto mir noch aus der Tür zu.

Prinsjesdag ist der große Tag von Königin Beatrix. Warum dieser Tag dennoch wörtlich ›Tag der kleinen Prinzen‹ heißt und immer auf den dritten Dienstag im September fällt, weiß keiner so genau, zumal schon seit Generationen nicht die Prinzen, sondern die Königinnen das Sagen haben. Und an diesem Tag ganz besonders, denn dann eröffnet die Monarchin das parlamentarische Jahr mit der Thronrede.

Zu dieser besonderen Gelegenheit hatte sich Den Haag ordentlich herausgeputzt wie eine höhere Tochter, die sich für einen Tanztee am Sonntagnachmittag feinmacht. An den Häusern hingen Flaggen, die Geschäfte hatten ihre Auslagen mit orangenen Krönchen und Girlanden verziert, an den Straßen standen Kübel mit frischen Blumen.

Ich reihte mich in den Strom der Menschen ein, die munter schwatzend vom Bahnhof zum Regierungsviertel liefen. Zügig, aber ordentlich.

Den Haag ist sowieso eine überaus geordnete Stadt. In dieser Hinsicht erinnert sie mich immer an Bonn. Herausgeputzt, verschlafen und gesittet. Hier tragen die Passanten Aktentaschen, und die Autos halten sogar an einem Zebrastreifen. Es ist schließlich auch die Welthauptstadt von Recht und Ordnung. Wenn die Mächtigen der Welt sich streiten, dann kommen sie in diese Stadt, die noch nicht einmal einen eigenen Flughafen besitzt und an der die internationalen Züge vorbeirasen.

Hier leuchten die roten und weißen Backsteine der schmucken Häuser, als hätte man sie mit der Zahnbürste geschrubbt, und ständig weht eine leichte Brise vom Meer. Selbst die größten Menschenschinder der Welt – oder zumindest die, die erwischt werden – schnuppern in ihrer zeitweiligen Unterkunft in Scheveningen Seeluft hinter ihren Gitterfenstern.

Je mehr ich mich dem Regierungsviertel näherte, umso mehr treue Untertanen drängten sich auf den Straßen. Sie hatten sich mit orangenen Hemdchen, Boas, Fähnchen und natürlich Hüten passend zum Tag ausgestattet, denn *Prinsjesdag* ist vor allem Hütchentag. Vielleicht aus Solidarität mit der Königin; die trägt schließlich immer Hut statt Krone.

Das Volk hatte den weiten Weg aus dem ganzen Land in die königliche Residenz aber sicher nicht auf sich genommen, um die Thronrede ihrer Majestät zu hören. Dieser Dienstag im September ist vielmehr der einzige Tag im ganzen Jahr, an dem sich die königliche Familie dem Volk standesgemäß in ihrer goldenen Kutsche zeigt. So eine seltene Gelegenheit muss ein Oranje-Fan eben nutzen.

Beatrix wahrt gerne einen königlichen Abstand zum Volk, und sehr zum Ärger der PR-Manager der Residenzstadt will sie noch nicht einmal Besucher durch ihren Arbeitspalast ziehen lassen. Mehr als eine etwas zu groß geratene Stadtvilla ist der aber ohnehin nicht.

Die Vertretung des Volkes dagegen residiert in einer mittelalterlichen Burganlage, dem Binnenhof, mit Türmchen, Zinnen, Toren und einem echten Hofteich. Damit mal ganz klar ist, wie die Verhältnisse im Staate sind. Die Oranjes dürfen hier schließlich nur sein, weil die Kaufleute und Bürgerherren 1813 den Prinzen von Oranje aus seinem Exil in England zurückgeholt haben, damit er den Haufen höchst eigensinniger Provinzler mit dem orangenen Band verbinden sollte. Ein Schmusemonarch sozusagen.

Weder er noch seine Nachfolgerinnen durften es sich einfallen lassen, Macht zu beanspruchen oder sich gar mit unermesslichem Reichtum vom Volk abzusetzen. Nur einmal im Jahr dürfen die Oranjes mit Pomp in die Burganlage ihrer Vorfahren einfahren.

Ich konnte mir relativ problemlos und glücklicherweise zügig meinen Weg zum Binnenhof bahnen. Nach einer Viertelstunde passierte ich das Tor zum Zentrum der Macht. Ich hatte den Rat meines Sohnes befolgt und Hettys Hut nicht aufgesetzt. Erwin Kroll, der nationale Wettermann, hatte am Abend zuvor »typisch *lekker* holländisches Herbstwetter« angekündigt. Das verhieß nichts Gutes.

Aber eigentlich war der stürmische Westwind nur eine Ausrede. Mit dem eleganten Hut aus Friesland fühlte ich mich wie Madonna bei einer Tupperparty. Ich würde ihn erst und nur dann aufsetzen, wenn tatsächlich jede andere Frau auch behütet war.

Pünktlich um 11 Uhr 30 meldete ich mich an einer unscheinbaren Tür in einem der vielen kleinen Türme. Der Mann an der Pforte sah mich zweifelnd an – schließlich trug ich keinen Hut. Er überprüfte die Gästeliste, nickte dann zustimmend und gab den Weg zu einer steilen Wendeltreppe frei.

Oben in der Garderobe rückten die Herren vor dem Spiegel die ungewohnten Schlipse gerade, und die Frauen zipfelten an ihren Hüten herum. Eine stark gebaute Dame kam mir vage bekannt vor. War das nicht eine ehemalige Ministerin? Der Statur nach ähnelte sie eher einer Ringerin. Mit energischen Bewegungen versuchte sie, den rosa Tüllschleier ihres Pillbox-Hutes so weit herunterzuziehen, dass er zumindest ihren Haaransatz erreichte.

Und schon hatte ich mich entschieden: lieber oben ohne. Ich reichte der Garderobiere meinen Mantel, legte die Plastiktüte auf den Tresen und ging zum Eingang des Saales.

»*Mevrouw*«, hörte ich es hinter mir rufen. »*Mevrouw*, Sie haben Ihren Hut vergessen.«

Ich drehte mich um. Vor mir stand die Garderobiere und hielt mir die Tüte hin.

»Ich gehe ohne«, sagte ich fest.

»Ach was, wann hat man schon mal die Gelegenheit, sich so aufzubrezeln. Klar setzen Sie den auf!«

Resolut zog sie Hettys Hut aus der Tüte und setzte ihn mir auf den Kopf.

»Sehr elegant«, sagte sie zufrieden.

»Sie haben ja recht, man muss eben alles einmal mitmachen«, sagte ich resigniert und begab mich zum Saal.

Der Rittersaal summte vom munteren Gequatsche der Gäste. Über den paar hundert Politikern und anderen Stützen der Gesellschaft wölbten sich dicke alte Holzbalken zu einer Kuppel, durch die bleiverglasten Fenster fiel gedämpftes Licht. An einer Längsseite stand, überdacht von einem riesigen scharlachroten Baldachin, der Thron.

Auf der für die Presse reservierten Tribüne saß bereits Max. Max gehört zum Binnenhof wie der *bitterbal* zum *borrel*. Seit Jahrzehnten beobachtet er für ein renommiertes meinungsbildendes Blatt des Landes das Treiben der Haager Politik und spießt es mit seiner scharfen Feder auf. Manchmal vermute ich, dass er dort in den Gängen sein Lager aufgeschlagen hat, um ja nichts zu verpassen, und dass er in der Plastiktüte, ohne die man ihn nie sieht, Zahnbürste und Rasierapparat aufbewahrt. Diese prall gefüllte Tasche nahm er nun vom Stuhl neben sich.

»Na, siehst du dir das Schauspiel auch mal an? So etwas habt ihr natürlich nicht in eurer Republik. Ihr habt sie ja alle zu uns rübergeschickt.« Er klopfte auf seinen ausladenden Bauch, über dem sich das weiße Oberhemd spannte. »Zum Glück. Die deutschen Prinzgemahle haben wenigstens ein bisschen Leben in die Bude gebracht. All die Skandale …« Max lächelte genüsslich. »Das waren noch Zeiten!«

»Prinz Claus war ja wohl sehr anständig«, protestierte ich.

»Klar, den haben alle geliebt. Als er alle Männer aufrief, ihre Schlipse wegzuwerfen …« Max legte eine kleine

Pause ein, als sähe er noch vor sich, wie der mittlerweile verstorbene Mann von Königin Beatrix sich seinen engen Schlips vom Halse riss. Unwillkürlich lockerte er seine schwarze Fliege. »Eine echte Befreiung. Da war sein Schwiegervater natürlich ein anderes Kaliber.«

Bernhard, der smarte Prinz aus dem Lippischen, hatte es bunt getrieben mit seiner Vorliebe für schnelle Autos, Frauen, Uniformen und zweifelhaftes Geld vom amerikanischen Flugzeughersteller Lockheed.

»Nun mal ehrlich, Max«, sagte ich, »von Bernhards Skandalen lebt ihr doch heute noch.«

»Und Beatrix ist darüber not amused.« Max grinste süffisant. »Aber ihre Kinder hat sie eisern im Griff. Willem-Alexander gibt nun wirklich keine Schlagzeilen her. Viel zu brav. Höchstens mal ein kleines Skandälchen um eine Ferienvilla. Früher war das anders. Denk mal an Beatrix' Großvater, Prinz Hendrik. Der lag häufiger bei den Damen auf den Amsterdamer Wallen als bei seiner Frau Wilhelmina. Ja, die deutschen Prinzen haben es bunt getrieben.«

Wenn diese Prinzen in Holland das Bild der deutschen Männer geprägt haben, muss man sich nicht wundern, dass die holländischen Frauen lieber ihre Finger von ihnen lassen, dachte ich.

»Ihr habt eure Monarchie zum Glück abgeschafft. Jetzt könnt ihr das Schauspiel genießen, und wir müssen es bezahlen.«

Max schaute missmutig auf die in Frack oder mit Hut bekleidete Masse unter uns, die fröhlich schwatzend auf den Einzug der Königin wartete. Er war ganz klar kein Anhänger der Monarchie.

Endlich kam das Zeichen. Unten rief ein Lakai: »Ihre Majestät, die Königin!« Unverzüglich stellte jeder sein

Gespräch ein und erhob sich. Königin Beatrix, gefolgt von ihrer Familie, steuerte in einer grauseidenen langen Robe durch den Mittelgang auf den Thron zu. Sie hatte sich den Tipp, dass Schulterpolster schlanker machen, offensichtlich sehr zu Herzen genommen. Mit ihrer ausgeprägten Schulterpartie hätte sie in den 80er Jahren problemlos Joan Collins aus dem »Denver-Clan« fegen können. Auch Kronprinz Willem-Alexander schritt würdig zu seinem Platz, sofern die enge Galauniform und der lange Säbel an seiner Seite ein würdiges Schreiten überhaupt zuließen.

Das Orchester stimmte das *volkslied* an. Aus voller Brust sangen nun alle das Loblied auf ihren Urvater, Willem van Oranje. Es bleibt eines der Wunder der Volkspsychologie, dass die Holländer selbst zu Zeiten größter Animositäten gegenüber ihren Nachbarn nie die Zeile ›bin ich von deutschem Blut‹ aus ihrer Hymne gestrichen hatten. Ich fühlte mich fast wie zu Hause.

Beim Setzen vergaß ich einen Moment lang, dass der Umfang des Hutes meine Bewegungsfreiheit einschränkte. Die Krempe landete in Max' Auge.

»*Sorry*«, flüsterte ich.

Beatrix begann zu lesen. Aus dem königlichen Mund rollten all die schönen Vorhaben ihrer Regierung zum Abbau von Schulden, der Bekämpfung der Staus, der Unpünktlichkeit der Züge und der Notwendigkeit von Anstand und Sitte. Es klang, als kaute sie auf einer heißen Kartoffel herum.

Als Journalist hofft man in solchen Momenten immer auf einen Patzer oder zumindest eine klitzekleine persönliche Note. So wie ihre britische Kollegin einmal nach den Liebes- und Sexaffären ihrer Kinder vom ›annus horribilis‹ gesprochen hatte. Ich stellte mir vor, Beatrix müsse auf einmal rülpsen oder würde zumindest »*goede middag*« sagen, wie alle Holländer um diese Tageszeit. Aber eine Königin begrüßt nicht. Und da der Ministerpräsident für jedes ihrer öffentlichen Worte verantwortlich ist, müsste er wahrscheinlich auch über ein Bäuerchen im Parlament Rechenschaft ablegen und erklären, dass die Monarchin bedauerlicherweise am Vorabend zu viel Kohl gegessen habe.

Dazu kam es aber auch diesmal nicht. Eher noch würde der italienische Premier Berlusconi ins Kloster gehen, als dass Beatrix vom vorgeschriebenen Weg abwiche.

»Geschafft«, sagte Max erleichtert, als wir uns am Ende wieder erhoben.

Beatrix und ihr Gefolge verschwanden in einem Seitenkämmerchen.

»Da kriegen sie jetzt ein *kopje koffie* und rauchen wahrscheinlich eine Zigarette.«

Dass es die Oranjes mit dem Rauchverbot nicht allzu genau nahmen, machte ihm die Monarchie fast schon wieder sympathisch. Max schaute verlangend auf die große Kiste Zigarren, die auch immer in seiner großen Tüte steckte.

»Eigentlich ist das doch sowieso alles nur Show. In Wahrheit geht es nur ums Köfferchen.«

Max hatte recht. Am *Prinsjesdag* drehte sich alles um einen kleinen, aus billigem Sperrholz gezimmerten Koffer, besser gesagt um seinen Inhalt. Am *Prinsjesdag* wird nämlich Kassensturz gemacht. Einmal im Jahr zählen die Holländer ihr Geld, und der Finanzminister bringt den Koffer mit ins Parlament, als wolle er sagen: Seht her Leute, so viel haben wir, und dafür geben wir es im kommenden Jahr aus. Und dann rechnet er ihnen die Kosten für jeden Baum und jeden Autobahnkilometer vor.

»3,5 Kilo Papier sind es in diesem Jahr«, sagte Max und wies auf seine Tüte.

Ich überlegte kurz, ob er außer Unterlagen, Zeitungen und Zigarren auch noch eine Waage mit sich herumschleppte.

»Komm, wir gehen schnell nach unten, dann sind wir die ersten beim *borrel*.«

Max ergriff mich am Arm, zog mich eine kleine Treppe hinab und eilte dann mit mir durch einen schmalen Gang.

»Das ist eine Abkürzung«, schnaufte er. Wir passierten noch eine Sicherheitsschleuse und standen schließlich in einem Raum, der mich an den Gemeinderatssaal einer deutschen Provinzstadt aus den 70er Jahren erinnerte. Wenn der Rittersaal die Kathedrale der Demokratie war, dann ging dieser hier allenfalls als Großraumbüro für Buchhalter durch. Daran änderten auch die kunstvoll drapierten Vorhänge vor den Fensterfronten und die dünne Holzverkleidung der Resopalwände nichts.

Max schaute sich befriedigt um. Wir gehörten tatsächlich zu den ersten. Ich nutzte die Gelegenheit und verstaute meinen Hut wieder in der Tüte.

Der *borrel* war die Belohnung nach der Rede und der Vorstellung des Köfferchens.

»Es ist wie ein Klassentreffen«, sagte Max und rieb sich voller Vorfreude die Hände.

Langsam strömten die Gäste herein, vorwiegend Herren von weit über 50 in dunklen Anzügen.

»Hier siehst du alle, die in diesem Land wirklich etwas zu sagen haben. Das sind nicht unbedingt die Minister und Abgeordneten. Die kennt jeder, die sitzen in jeder Talkshow. Aber die anderen hier, das sind die Strippenzieher im *polder*. In den Beratungsgremien und Planungskommissionen. Das ist die heimliche Elite, die wahren Regenten.«

Max hatte ein Glitzern in den Augen, wie ein Panzerknacker, der vor einem offenen Safe steht.

»Netzwerken. Darum geht es. Eine einmalige Gelegenheit. Alle sind da. Wenn die *bitterballen* verdorben sind, steht morgen das ganze Land still.«

Ich hatte Max erzählt, dass ich hier den Mann vom Soziokulturellen Planungsamt treffen wollte. Mein Kollege zeigte auf einen kleinen kahlköpfigen Herrn, dann verschwand er in der Menge.

»Und, hat es Ihnen gefallen?« *Meneer* van Dijk reichte mir ein Glas Wein. »Ich habe einige Studien für Sie zusammengesucht. Das Heiratsverhalten der Niederländer seit 1870, die Geschichte der deutschen Einwanderer sowie die Scheidungsstatistiken der letzten zehn Jahre. Zu deutsch-holländischen Liebesbeziehungen konnte ich leider nichts finden«, bedauerte er. »Offenbar sind Sie da auf eine Marktlücke gestoßen. Das ist noch nie untersucht worden.«

Er drückte mir den dicken Stapel Papiere in die Hand.

»Wissen Sie, eigentlich mögen Holländer in der Liebe keine exotischen Experimente. Wir heiraten am liebsten jemanden aus der eigenen Sippe.«

Ich sah ihn skeptisch an und nippte an meinem Wein.

»Im weitesten Sinn gehören natürlich auch die Deutschen dazu«, räumte *meneer* van Dijk ein und blickte dabei suchend um sich, als hielte er Ausschau nach wirklich wichtigen Gesprächspartnern. »Wir sind doch so eine Art Familie. Vielleicht nicht gerade Brüder und Schwestern, aber doch Cousinen und Cousins. Nehmen Sie mal unseren Kronprinzen. Der Urgroßvater, Großvater, Vater – alles Deutsche. Mal ehrlich, was bleibt da noch typisch Holländisches übrig?«

Nun hatte er offenbar einen vielversprechenden Kontakt entdeckt. Er wollte mir die Hand zum Abschied geben, doch da hatte ich schon die Papiere.

»Ach, die stecken wir in Ihre Tasche, dann haben Sie die Hände frei.«

Ich hatte mich tatsächlich schon leicht verzweifelt gefragt, wie ich die Unterlagen und das Glas halten und dann auch noch *bitterballen* hätte essen sollen.

Ehe ich es mich versah, hatte er mir die Papiere und die Tüte aus der Hand genommen und stopfte das Heiratsverhalten der Niederländer seit 1870 hinein, zu Hettys gutem Hut. Das Geräusch von brechendem Stroh war deutlich zu hören.

»Oh«, machte er und zog das ziemlich lädierte Stück hervor. »Na, *dat valt mee*, das ist nicht so schlimm. Ein bisschen ausbeulen, und dann ist der wieder wie neu, fürs nächste Jahr.«

Als ich mich kurze Zeit später zurück auf den Weg zum Bahnhof machte, überlegte ich, wie ich Hetty die traurige Botschaft überbringen sollte. Vielleicht besänftigte es sie, dass das Malheur in unmittelbarer Nähe der königlichen Familie geschehen war. Auf jeden Fall waren die wissenschaftlichen Studien doch auch eindeutig der Beweis, dass ich mich ernsthaft mit dem Thema Mann auseinandersetzte. Und darauf hatte sie mich ja eigentlich erst gebracht.

Kapitel 7

Dreck – eindeutig, das war Dreck. Braun, feucht und bröckelig. Er musste von den ausgelatschten Turnschuhen gefallen sein, die so bequem auf dem Sitz gelegen hatten. Widerwillig hatte der Mann in der Regenjacke sie vom Polster gezogen, als ich vor ihm aufgetaucht war. Und nun lag da also der Dreck. An sich war das nichts Ungewöhnliches, ein holländischer Zug erinnert mich oft an eine New Yorker U-Bahn um Mitternacht.

Es war der letzte freie Platz im Abteil. Die Alternative war eine halbe Stunde stehen, mindestens. Die Leute hatten schon auf der Treppe gesessen. Entschlossen nahm ich eine alte Zeitung, die zerknüllt am Boden lag, und setzte mich darauf.

»*Hà hà*«, sagte ich, nicht ohne dem Turnschuh-Typen einen vernichtenden Blick zuzuwerfen. Er guckte nur verständnislos und biss in sein Käsebrot.

Hà hà sagen Holländer immer in Momenten großer Erleichterung, als Zeichen, dass nun der gesellige Teil des Tages beginnen kann. Zum Beispiel wenn die quengelnden Kinder endlich im Bett sind oder sie nach monatelangen Koalitionsverhandlungen eine neue Regierung präsentieren. Ich hatte dieses *hà hà* sofort in mein Repertoire von Ausrufen aufgenommen. Und nun hatte ich allen Grund, um aus tiefstem Herzen *hà hà* zu seufzen.

Wie eine Verrückte war ich nach dem Empfang zum Bahnhof gerannt. Und das bei dem Regen. Ich musste den Zug um 17 Uhr 23 erwischen, zumindest wenn ich nicht zweimal umsteigen wollte. Aus meinen Haaren troff das Wasser, die verlaufene Wimperntusche hatte mich einem Pandabären ein entscheidendes Stück ähnlicher werden lassen, und meine türkisblauen Wildlederpumps waren ruiniert. Ich hätte ja auch andere Schuhe anziehen können bei dem Mistwetter.

»Es gibt kein schlechtes Wetter«, pflegt Hetty in solchen Momenten zu sagen, »nur schlechte Kleidung.« Sie hat ja recht, aber ich hätte schließlich nicht in Gummistiefeln beim *Prinsjesdag* auftauchen können.

Der Intercity nach Amsterdam sollte um 17 Uhr 23 fahren, das hatte zumindest die Internetseite der *NS*, der *Nederlandse Spoorwegen* versprochen. Doch am Den Haager Hauptbahnhof stellte ich fest, dass es diesen Zug gar nicht gab. Stattdessen war ein anderer für 15 Minuten später angekündigt. Allerdings war das kein Intercity, sondern ein *stoptrein*, und das verhieß gar nichts Gutes.

Mit den Zugbezeichnungen in den Niederlanden ist das so eine Sache: Die Namen sollen nämlich unangenehme Wahrheiten hübsch verpacken. In den meisten Ländern der Welt ist ein Intercity ein Zug, der von Großstadt zu Großstadt fährt. In den Niederlanden hält er auch bei kleineren Metropolen wie etwa Gouda oder Alkmaar. *Stoptreinen* hingegen stoppen an jeder Milchkanne.

Der *stoptrein* von 17 Uhr 38 kam jedenfalls um 17 Uhr 46. Immerhin kam er. Mit ein wenig Glück konnte ich am Flughafen Schiphol den Zug nach Amsterdam-Zuid noch erwischen. Dort stand mein *fiets*, mein Fahrrad, und dann war ich um halb sieben zu Hause.

Der Turnschuhmann hatte zwar seine Füße vom Sitz genommen, nicht aber seine Lümmelposition in der Ecke aufgegeben, und das zwang mich zur Anspannung mir bis dahin unbekannter Muskeln. Seine Beine lagen nun quer in voller Länge unter der Bank. Ich musste meine Beine schräg nach rechts zur Seite stellen, beinah in einem Winkel von 90 Grad

Das hartnäckige Stoßen gegen fremde weibliche Unterschenkel sollte man sicherlich nicht für die verkappte Form eines Annäherungsversuches halten, flirten auf Holländisch sozusagen. Es ist nur die Folge einer äußerst effektiven Raumnutzung.

Wenn sich gut und gerne 16 Millionen Menschen auf 41000 Quadratkilometern tummeln und diese auch noch mit Millionen Kühen, Schweinen, Hühnern, Tomaten und Tulpen teilen müssen, lernt man, sich zu beschränken. In dieser Hinsicht sind die Niederländer absolute Meister. Jeder Zentimeter wird genutzt, am liebsten doppelt. Industrieanlagen zum Beispiel werden gerne mit ein paar Teichen und Bäumchen zu einem Naturgebiet umgewandelt. Andersherum erhält unberührte und daher nutzlose Natur durch ein paar Gewächshäuser und Megaställe das Prädikat ›intensiv genutzt und ertragreich‹. Und welches andere Land würde schon über Schweinehochhäuser nachdenken? Millionen Schweine in einem gigantischen Wolkenkratzer, das spart Platz und wäre auch noch eine Touristenattraktion.

Der Regen schlug gegen die Scheiben. Wenigstens war es warm und ruhig. Ich holte die Papiere des Planungsamtes aus der Tasche und begann zu lesen. Über 3000 deutsche Frauen wanderten jedes Jahr in die Niederlande ein, um zu heiraten. Und dazu kamen noch all diejenigen, die auf den Trauschein verzichteten, wie meine Freundin Astrid beispielsweise. Eine gigantische Dunkelziffer, dachte ich zufrieden. Ich war tatsächlich einer super Story auf der Spur.

Auf einmal piepte es. Drei Mal kurz. Und dann noch mal, nun aber lauter, dringlicher. Mein Handy.

Der Turnschuhmann sah mich an. Auf der anderen Seite des Ganges drehte mir eine ältere Frau ihr Gesicht zu, als wäre das Klingeln eines Handys in einem Zugabteil etwas Besonderes. Schließlich ähnelt der Geräuschpegel in einem holländischen Zug normalerweise dem eines Schulhofes in der großen Pause, weil mindestens sieben Leute gleichzeitig telefonieren und weitere fünf ihren iPod voll aufgedreht haben.

Ich wühlte in meiner Tasche. Endlich, das Handy. ›Dieuwke‹, sah ich auf dem Display. Meine holländische Freundin ruft mich vorzugsweise immer dann an, wenn sie selbst im Zug sitzt. Sie pendelt nämlich ständig zwischen ihren Wohnorten Berlin und Utrecht hin und her. Nun saß sie gerade im Zug zurück nach Utrecht.

»Ich bin verliebt!«, rief sie ohne lange Vorrede.

»In wen? Holländer oder Deutscher?«, fragte ich auf Deutsch und nahm das Hüsteln um mich herum nicht wahr.

»Ein Deutscher«, sagte sie.

»Unglaublich. Der erste deutsche Lover, und das nach zehn Jahren Berlin.«

Da meldete sich der Turnschuhmann: »Psst!«

Ich sah kurz auf. Zugegeben, vielleicht hatte ich etwas zu laut gesprochen, aber schließlich hört man ja nicht jeden Tag so eine Nachricht. Dass meine holländische Freundin einen deutschen Freund hatte, war doch Grund genug, ein wenig aus dem Häuschen zu geraten. Trotzdem dämpfte ich meine Stimme etwas, als ich weitersprach.

In diesem Moment tauchte vor meiner Nase ein langer Zeigefinger auf.

»*Mevrouw*!« Der Turnschuhmann saß nun kerzengerade. »This is a silencecar. We don't phone here, in this country.«

Einen Moment lang war ich überfordert.

Der Zeigefinger raste zum Fenster und zeigte schräg nach oben. Und da sah ich es: ein dezentes silbernes S. S für *stilte*. Ich saß in einem *stiltecoupé*, im Ruheabteil. Und da redet man eben nicht, geschweige denn, dass man sein Handy herauskramt, laut mit einer Freundin quatscht, und das auch noch auf Deutsch.

Es gibt Momente, da wünsche ich mir, am Schreibtisch zu sitzen und einen zehn Seiten langen Artikel über die Bedeutung des niederländischen Poldermodells im europäischen Kontext schreiben zu müssen. Dies war so ein Moment.

»*Sorry*«, hauchte ich meinen Mitreisenden zu. »Dieuwke, ich kann jetzt nicht«, flüsterte ich in mein Handy, »ich bin im Ruheabteil.«

»Ha.« Dieuwke lachte kurz und laut auf und unterbrach sofort die Verbindung. Sie wusste natürlich, dass in einem solchen Fall jedes *moet kunnen* total unangebracht war. Wenn es in diesem Land schon einmal eine deutliche Regel gab, dann musste sie auch eingehalten werden.

»*Sorry*«, murmelte ich noch einmal.

Ich hätte es wissen müssen. Schließlich hatte ich mich noch gewundert, dass es in diesem Abteil so ungewöhnlich ruhig war. Im Vergleich zu holländischen Zügen ähneln die deutschen einem Kloster mit Schweigegelübde. Auf der Fahrt von Berlin nach Amsterdam etwa wird diese Stille auf mysteriöse Weise abrupt beendet, wenn der Zug die Grenze passiert. Der Halt in Bad Bentheim ist für die holländischen Passagiere das Signal, dass sie es sich nun wieder richtig gemütlich machen können. Dann werden die Handys rausgekramt und mit den Mitreisenden – ob man sie nun kennt oder nicht – die Probleme der Welt, des Wetters und der weitläufigen Familie erörtert. Genau diesen Moment musste auch Dieuwke abgewartet haben, um mich anzurufen.

Ausgerechnet, dachte ich und lächelte, ausgerechnet Dieuwke hatte sich einen Deutschen geangelt. Noch vor wenigen Wochen hatte sie mir erklärt, dass sie der Männerwelt abgeschworen habe. Das war, nachdem sie ihren bisherigen Liebhaber vor die Tür gesetzt hatte.

»Der stand wie ein altes Sofa in meinem Leben«, hatte sie gesagt. Jetzt hätte ich natürlich zu gerne alle Einzelheiten über den Neuen erfahren.

Und ich hätte Dieuwke gerne auch von meiner Verabredung mit Kees erzählt. Am nächsten Abend wollten wir nämlich *borrelen*, und da hätte ich den Rat einer holländischen Frau gut gebrauchen können. Schließlich hatte ich noch nie als Single mit einem Holländer privat geborrelt. Das konnte schließlich auch der Beginn von etwas mehr sein. Und ich hatte noch nicht einmal die Kleiderfrage geklärt.

Astrid, dachte ich. Sie hatte Flirterfahrung und kannte meinen Kleiderschrank fast genauso gut wie ich selbst. Ich nahm mein Handy und schickte ihr eine SMS.

»Geh morgen mit K. borreln. Was zieh ich an?«

Die Antwort kam prompt.

»Ha, hab ich's doch gewusst. Sexy natürlich. Das Rote.«

Sexy. Astrid hatte gut reden, sie hatte gerade zehn Kilo abgenommen und nur noch an den Stellen Rundungen, wo sie hingehörten. Bei mir dagegen hatten es sich all die feinen Häppchen und die Gläser Rotwein aus meiner

Trauerphase genau dort gemütlich gemacht, wo ich sie gar nicht gebrauchen konnte. Mein rotes Kleid war zwar sexy, aber ich hatte wirklich keine Lust, den ganzen Abend den Bauch einzuziehen.

»Fürs Rote bin ich zu fett. Das Schwarze?«, simste ich zurück.

Das hatte einen dekorativen Ausschnitt, flatterte aber, wie die ›Brigitte‹ schreiben würde, äußerst vorteilhaft um meine Problemzonen.

»Was, den Sack? Aber nur mit Killerpumps!«

In diesem Moment gab es einen Ruck. Der Zug hielt. Alle sahen überrascht auf. Wir hielten irgendwo zwischen Leiden und Amsterdam.

Wenn ein niederländischer Zug auf offener Strecke hält, kann das mehrere Gründe haben. Zum Beispiel, dass ein paar Schneeflocken fallen oder dass Blätter auf den Gleisen liegen. Draußen stürmte es. Wahrscheinlich Blätter, dachte ich. Ausgedehnte Waldgebiete gab es hier zwar nicht, aber das musste nicht viel heißen. Oft lassen schon ein paar vereinzelte Bäume den Zugverkehr aus den Gleisen geraten. Das erfährt man spätestens dann, wenn im Parlament eine Dringlichkeitsdebatte anberaumt und Sofortmaßnahmen gefordert werden.

Im Ruheabteil blieb es still. Es konnte ja auch jeden Moment weitergehen.

Wir standen bei einer dieser modernen Wohnsiedlungen, die Rotterdam, Utrecht und Amsterdam allmählich zu einem einzigen gigantischen Moloch verknüpfen. Die Reihenhäuschen waren hell erleuchtet und hatten keine Gardinen vor den Fenstern. Zum Glück. So hatten Zugreisende wenigstens etwas Unterhaltung, wenn sie auf offener Strecke warten mussten.

»Sitze im Zug fest. Ruf dich nachher an«, simste ich Astrid und verstaute das Handy wieder.

Eigentlich schaut man ja nicht so ungeniert in die Zimmer fremder Leute, selbst in die gardinenlosen der Holländer nicht. Damit ist nämlich wahrlich keine subtile Aufforderung an die Nachbarn verbunden, sich die neue Polstergarnitur anzusehen. Früher galt der freie Durchblick nur dem Herrn Pfarrer – als Zeichen, dass alles seine Ordnung hatte. ›Du sollst keine Gardinen vor die Fenster hängen‹ war noch bis in die 60er Jahre hinein eine Art elftes Gebot. Zumindest für Calvinisten.

»Nur Katholiken verhängen ihre Fenster«, hatte mir mal der Friese erklärt. »Belgier verrammeln sich sogar hinter Rollläden, als ob sie was zu verbergen hätten.«

Ich kannte zwar nur aufrichtige Katholiken, aber in einem hatte der Friese recht: Das Land wird von einer Gardinengrenze durchzogen. Je weiter man in den katholischen Süden reist, desto geschlossener sind die Fensterfronten.

Von meinem Fensterplatz aus konnte ich einmal quer durchs Haus gucken, etwa sechs Meter weit. Es waren typische *doorzonwoningen*, die so heißen, weil die Sonne einmal quer durchs Haus scheinen kann.

Im hinteren Teil des *doorzon*-Zimmers saßen die Bewohner am Tisch. Es musste also kurz nach 18 Uhr sein. Holländer essen nun mal um 18 Uhr, an der Tradition hat sich in Jahrhunderten nichts geändert.

Im Lautsprecher knackte es. Eine Durchsage.

»*Dames en heren*. Wie ihr sicher gemerkt habt, stecken wir fest. *Sorry voor het ongemak*.«

Unbequemlichkeit? Das war ja wohl stark untertrieben. Wir standen immerhin schon fast eine halbe Stunde, wussten nicht, warum und wie lange das noch dauern und, wichtiger noch, ob es überhaupt jemals weitergehen würde. Es konnte auch gut sein, dass man uns in ein paar Stunden per Bus zu einer zugigen Mehrzweckhalle transportieren würde.

Und dann ein simples »*Sorry voor het ongemak.*« In der Schweiz kann die Unpünktlichkeit der Bahn Regierungskrisen auslösen. Hierzulande wird noch nicht einmal gemurrt.

Stillstehende Züge gehören für Holländer nun mal zu den Schicksalsschlägen, die über die Menschheit hereinbrechen wie Tsunamis oder Taubenschwärme. Sobald sie in einen Zug steigen, geben sie sich demütig dem Unabänderlichen hin. Dann reagieren sie in der einzig möglichen und beneidenswerten Weise: mit Gelassenheit.

Holländer zeigen immer diese stoische Ruhe, wenn etwas schiefläuft, ob es nun um den Nahverkehr, die Wartezeiten im Krankenhaus oder chronische Stromausfälle geht. Welche Regierung hätte es sonst auch wagen können, fast alle öffentlichen Dienstleistungen in private Hände zu geben? Dagegen war sogar Maggie Thatcher eine Sozialistin.

Die Durchsage des Schaffners hatte die Stille durchbrochen. Jeder griff nun zum Telefon, um den Lieben daheim mitzuteilen, dass es wohl ein bisschen später werden würde.

»Aber wann kommst du denn?«, fragte mich mein Sohn.

»Wenn ich das wüsste.«

»Ja, die *NS*, ich versteh schon.«

Marten ist schließlich ein echter Holländer und weiß, dass gegen ›*overmacht*‹ nichts und niemand etwas ausrichten kann.

»Mach dir keine Sorgen, ich esse ein paar Chips«, tröstete er mich.

Als ob es eine sorgsame, gesundheitsbewusste Mutter tröstete, wenn der Sohn mit einer Tüte Chips vor dem Computer hing und die Schulbücher genau da blieben, wo sie seiner Meinung nach sowieso hingehörten, nämlich in der Schultasche.

Eine knappe Viertelstunde später ruckelte der Zug dann an, und die Reise ging weiter. Gut 45 Minuten hatten wir vor den einladenden Fenstern bei Nieuw Vennep gestanden.

»*Dat viel mee*«, sagte ein Kahlköpfiger schräg hinter mir. »Das ging ja noch. Lagen wohl Blätter auf den Gleisen.«

Nun war das Ruheabteil wieder ein Ruheabteil, bis wir den Flughafen Schiphol erreichten. Der Turnschuhmann nahm seinen Rucksack und ging. Knall. Sein Fuß blieb in der Schlaufe der Laptoptasche des Kahlköpfigen hängen, die mitten im Gang lag. Er stolperte, suchte Halt, fand den am Laptop und riss diesen in seinem Fall mit sich auf den Boden des Ruheabteils.

»*Godverdomme*«, fluchten beide gleichzeitig und schoben dann sofort ein »*Sorry*« hinterher. Der Turnschuhmann rieb sich das Knie, der Kahlköpfige seinen Laptop.

Wenig später hatte auch ich mein Ziel erreicht: Amsterdam-Zuid.

Ich verließ den Bahnhof und steuerte auf den Fahrradständer zu. Wo war nur mein *fiets*? Ich hatte es am Mittag doch in der dritten Reihe links abgestellt. Daneben hatte ein rotes Rad mit einem mit blauen Plastikblumen geschmückten Korb gestanden.

Das war immer noch da, nur stand daneben nun ein Wrack. Unmöglich. Auch das noch! Mein wunderbares, leicht verrostetes *fiets* war verstümmelt, unbrauchbar. Da, wo noch vor ein paar Stunden ein schön nach oben geschwungener Lenker gesteckt hatte, mit der besten Klingel, die ich jemals besessen hatte, gähnte nun ein Loch. Mein Lenker war gestohlen worden.

Alles hatte ich schon erlebt: Sattel geklaut, das Vorderrad und selbst das ganze *fiets* – aber der Diebstahl des Lenkers übertraf alles. Man versuche mal, ein Fahrrad ohne Lenker einen Kilometer weit nach Hause zu bugsieren – durch einen dunklen Park und bei strömendem Regen! Halb zog ich es, halb trug ich es, schwankte mal nach rechts, mal nach links.

Um halb acht war ich endlich da. Knapp drei Stunden hatte ich für die 60 Kilometer von Den Haag nach Amsterdam gebraucht. Das fiel ganz entschieden in die Rubrik *ongezellig*.

Kapitel 8

Am nächsten Morgen balancierte ich das Rad zu Theo, meinem Fahrradhändler. Theo war im Stress, das konnte ich schon sehen, als ich um die Ecke bog. Er fuchtelte wild mit den Armen, fuhr sich dann wieder durch die schwarzen langen Haare – der ganze, nur 165 Zentimeter große Mann war eine einzige Furie. Während ich mühsam mein Rad zu seinem Laden bugsierte, hörte ich ihn fluchen.

»Da tauchen plötzlich diese Bauarbeiter auf«, moserte er, als ich vor ihm stand, »einfach so, und reißen den ganzen Bürgersteig auf. Wohin soll ich jetzt mit meinen Rädern?«

Theo ist im Allgemeinen äußerst sanftmütig, Hauptsache, keiner stört seine Morgenroutine. Dann sollte man ihn lieber eine Weile in Ruhe lassen. Aber auf Theos Ärger konnte ich heute keine Rücksicht nehmen, es ging schließlich um einen Notfall.

Das sah er auch sofort ein. Ein Rad ohne Lenker, ja, das war schon fast ein Kapitalverbrechen. Sogar den Bauarbeitern wäre beinahe die Hacke aus der Hand gefallen.

Theos Reaktion war ebenso drastisch wie deutlich: »Da gibt es nur eins: vierteilen! Mitten auf dem Dam.« Er nickte zufrieden, als sähe er es vor sich, wie der Fahrradlenkerdieb vor dem herbeigeströmten Volk zur Rechenschaft gezogen wurde.

Eigentlich ist Theo nicht so ein blutrünstiger Typ.

Doch Theo ist auch Fahrradhändler aus Leidenschaft. Er verdient zwar am Vandalismus, doch die Liebe zum Rad geht ihm über alles. Und wer Fahrradlenker stahl, verdiente eine höchst außergewöhnliche Bestrafung.

»*Nou, nou*«, fuhr Mark dazwischen. Mark ist mit seinen fast zwei Metern, den blonden Locken und der stoischen Gelassenheit das absolute Gegenteil von seinem Chef. Er konnte Theos Wortwahl eindeutig nur missbilligen, hatte beim Wort ›vierteilen‹ sogar noch strafend den Kopf geschüttelt.

Das wäre aber gar nicht nötig gewesen. Das ›*nou, nou*‹ hätte schon ausgereicht, denn damit meint der Holländer: Jetzt ist es aber genug, ihr habt sie wohl nicht mehr alle.

Dann sah auch Mark das amputierte Rad.

»*Nou*«, sagte er nun, und das hieß so viel wie: Das ist wirklich heftig. Er sah mich mitleidig an. »*Koffie*?«

Ich nickte stumm.

Holländer brauchen nur ein kurzes Wort wie *hà*, *zo*, oder *nou*, um eine ganze Skala von Gefühlen auszudrücken. Und wenn sie diesen noch mehr Nachdruck verleihen wollen, wird der Ausruf einfach wiederholt.

Mark machte sowieso nie viele Worte, und das war auch nicht nötig: ein Blick, ein *nou* in der richtigen Tonlage, und wenn es ganz schlimm ist, dann gibt's eben einen Kaffee. Ich war gerührt.

Ein *kopje koffie* ist in den Niederlanden ein bewährtes Mittel, um einer Dame in Not beizustehen. Ein Deutscher hätte mir wahrscheinlich einen Vortrag über die Zukunft der zivilisierten Gesellschaft im postideologischen Zeitalter unter besonderer Berücksichtigung des Verfalls von Werten und Normen gehalten, mir dringend empfohlen, unverzüglich Anzeige bei der nächsten Polizeidienststelle zu erstatten, und mir schließlich die alles entscheidende Frage gestellt: ›Sind Sie versichert?‹

In Holland gibt es einen Kaffee.

»Ich hab ja schon viel gesehen … Aber das?« Theo strich sich durch seine strähnigen schwarzen Haare, holte dann erst einmal seinen Tabak aus der Jeans und drehte sich eine Zigarette. »*Meisje* … Dir bleibt auch nichts erspart.«

Das tat gut. Wenn mich einer verstand, dann war es Theo. Normalerweise nimmt er jede Art von Vandalismus hin, wie das nur Amsterdamer können. Mit einer kurzen lustvollen Schimpfkanonade, gefolgt von einem gleichmütigen Achselzucken: ›Wo soll das bloß noch enden? Aber da kann man nichts machen.‹ Und dann, zufrieden, dass das alles mal wieder gesagt war, setzen sie ihre Arbeit fort. Das war bei Theo nicht anders.

Manchmal hatte ich so eine leise Vermutung, dass er fast schon glücklich war über einen Anlass für die tägliche Meckerminute, weil es so *lekker* erleichterte.

Theo und ich starrten betrübt auf das schwarze Loch, in dem bis gestern noch der wunderbar geschwungene Lenker gesteckt hatte. Es war ein Lenker gewesen, der das holländische Radfahren erst möglich macht: aufrecht nämlich. Ein Radler, der frei nach Theodor W. Adorno nach oben buckelt und nach unten tritt, hat hier keinen Platz. Ein Holländer buckelt nicht, vor niemandem. Er hält den Rücken gerade, den Kopf aufrecht, die Augen immer geradeaus – der Zukunft zugewandt.

»Das kriegen wir schon wieder hin«, tröstete Theo mich. »Nur, wie kommst du jetzt zur Arbeit?«

»Na ja, ich dachte mit dem Bus.«

Theos Mund verzog sich vor Ekel. »Mit dem Bus? Du hast schon genug mitgemacht.«

Als echter *fietser* verabscheute Theo den öffentlichen Nahverkehr.

»Wenn du mit dem Bus fährst, musst du warten, und das Gedränge, vielleicht musst du sogar stehen!« Für Theo war das unakzeptabel. »Du bekommst ein Leihrad!«

Er nahm mein lädiertes *fiets* und bugsierte es in seine Werkstatt.

Theo ist der wichtigste Mann in meinem holländischen Leben, nach meinem Sohn natürlich. Er sorgt nämlich dafür, dass ich weiter in der holländischen Gesellschaft mitstrampeln kann. Und das geht nun mal nicht ohne ein Fahrrad.

Fiets ist so ziemlich das erste Wort, das jeder Ausländer kennenlernt, sofort akzentlos aussprechen kann, und das er nie wieder vergessen wird. Das *fiets* ist mehr als nur ein Transportmittel, es ist die Grundlage des Niederländerseins. Auf dem Rad kann er sein, wie er will: unabhängig, gleichberechtigt, eigensinnig. Zudem ist es einfach, gemütlich und billig. Auf dem *fiets* ist jeder ein König.

Natürlich dürften es sich auch weder Königin noch Prinz einfallen lassen, nicht zu *fietsen*. Sie würden stante pede entthront. Wohlweislich lässt sich die königliche Familie regelmäßig auf ihren Rädern sehen und fotografieren, passend zu jeder Lebenslage. Mal sportlich auf dem Rennrad, mal gemütlich auf dem einfachen *stadfiets* oder familienbewusst und zugleich äußerst hip auf dem *bakfiets*, der modernen Variante des Lastenfahrrads. In der großen Holzkiste, die vorne auf zwei Rädern ruht, transportieren standesbewusste Eltern gerne ihre Kinder.

Nicht auszudenken, Kronprinz Willem-Alexander wäre mit einer Frau nach Hause gekommen, die das Fahrradfahren abgelehnt hätte. Wenn sie es nicht gekonnt hätte, hätte sie sicherlich als Teil ihres umfangreichen Einbürgerungskurses Fahrstunden bekommen, vorzugsweise von einem Profiradler, der mindestens eine Etappe der Tour de France auf seinen Namen geschrieben hatte. Das war aber nicht nötig gewesen. Maxima konnte Fahrrad fahren, wie sie gleich bei ihrer ersten Pressekonferenz auf die besorgten Fragen der Journalisten hin versicherte. Das war schon die halbe Miete. Als die Untertanen dann noch erfuhren, dass Alex ihr beim Schlittschuhlaufen – nach dem *fietsen* die beliebteste Fortbewegungsart im Land – auf dem Teich im königlichen Vorgarten die Frage aller Fragen gestellt hatte, war die Sache perfekt.

Was für den Deutschen das Auto ist, ist für den Holländer sein *fiets*. Und wer sich an seinem Rad vergreift, muss sich sehr warm anziehen. Das Leid und die Erniedrigung von fünf Jahren deutscher Besatzung im Zweiten Weltkrieg werden bis heute in dem einen Satz zusammengefasst: ›*Ik wil mijn fiets terug*‹, ich will mein Rad zurück. Dass die Deutschen die Fabriken und Scheunen plünderten, ihre Deiche durchstachen und auf der Flucht dann auch noch die Fahrräder raubten, haben die Holländer bis heute nicht verwunden. Mit dem barschen ›*Ik wil mijn fiets terug*‹ kann bei mir allerdings keiner landen, ich habe nämlich schon drei abgeliefert. Nicht freiwillig, aber immerhin.

18 Millionen Räder gibt es in den Niederlanden. Das heißt, jeder Einwohner, ob nun acht Tage oder achtzig Jahre alt, besitzt 1,2 Räder. In diesem Moment nannte ich noch schätzungsweise 0,8 *fietsen* mein eigen, und ir-

gendwo hatte ein anderer sein Kontingent auf 1,4 erhöht.

Doch damit würde sich der Dieb nie brüsten können. Das war zumindest ein kleiner Trost. Wenn nur irgendjemand von seiner Aktion am Bahnhof von Amsterdam-Süd Wind bekam, würde er wie ein Aussätziger aus der Familie der redlichen *fietser* verstoßen. Und das war in diesem Land der kollektiven Geselligkeit fast schon so etwas wie die Höchststrafe.

Wenn es ums Fahrrad geht, kennen die Niederländer null Toleranz. Wer auch nur einen Funken Ehre im Leib hat, lässt seine Finger vom Rad der anderen. Denn wer ein *fiets* stiehlt, zieht dessen Eigentümer den Boden seiner Existenz als Holländer unter den Füßen weg.

Dennoch gibt es viele, die diesen kleinen Funken Ehrgefühl nicht in sich tragen. Und so ist für so manchen die Statistik der demolierten und gestohlenen Fahrräder der Beweis für den Niedergang der holländischen Moral. Einmal wurden sogar so viele geklaut, dass die Polizei sich weigerte, Diebstahlanzeigen überhaupt noch entgegenzunehmen.

Vielen Städtern ist es ein Rätsel, warum ihre Landsleute in Nordbrabant oder Westfriesland so ungeheuer besorgt über die Sicherheit im Lande sind, wo sie ihre Räder doch sogar unabgeschlossen vor dem Supermarkt stehenlassen können. Diese gute alte Zeit ist in Amsterdam, Utrecht oder Rotterdam für immer vorbei. Dafür sind die Wracks ohne Sattel, Räder oder Rahmen an Brückengeländern und Bäumen stumme Zeugen.

Jedes noch so schäbige Rad muss mit mindestens zwei Schlössern und an einem Laternenpfahl oder Betonblock angekettet sein, zumindest wenn man mit dem Gefährt noch fahren und es nicht als Ersatzteillager zur Verfügung stellen will. Mit ungeheurem Geschick und einer Engelsgeduld werden Rahmen, Vorder- und Hinterrad gesichert, als wären es die Kronjuwelen. Und täglich tragen die radelnden Städter kiloweise Stahl und Eisenketten ins Büro oder die Kneipe.

Als Theo wieder aus seinem Laden kam, hatte er ein gemütliches schwarzes Omarad bei sich. Er pumpte hinten und vorne noch ein wenig Luft in die Reifen und übergab es mir.

»Heute Nachmittag kannst du dein *fiets* wieder abholen.«

Zum Abschied tätschelte er noch einmal meine Schulter.

Das Leben kann doch so schön sein, dachte ich schon nach den ersten Metern. Ich war wieder mobil und konnte gemütlich in die Stadt radeln. Das desaströse Ende von *Prinsjesdag* hatte ich bereits vergessen. Es war doch ein ungeheures Glück, dass ich Theo gefunden hatte. In Holland ist so ein Fahrradmann nämlich weitaus wichtiger als ein guter Friseur.

Das wusste ich damals noch nicht, als ich Theos dunklen ›Bikeshop‹ zum ersten Mal betrat. Die Bremsen meines alten Rennrads funktionierten nicht, hinten war ein Platten, und die Gangschaltung muckte. In den fünf Jahren zuvor hatte ich den französischen Flitzer nur bei schönem Wetter und an den Wochenenden in die Genfer Berge ausgeführt.

Vor dem Tresen in dem vollgepfropften muffigen Laden stand eine Schlange. An der Kasse hing ein Stück abgerissene Pappe: ›*Reparatie vol*‹. Das hätte ich auch verstanden, ohne ein Wort Holländisch zu sprechen. Warum ich mich davon nicht abschrecken ließ, weiß ich bis heute nicht. Es sollte mein Glück sein. Später gestand mir Theo, dass er eigentlich überhaupt keine Lust hatte, ständig Reifen zu flicken, und mit dem Schild Laufkundschaft abschrecken wollte.

»Mit dem da«, sagte er und zeigte abwertend auf meinen weißen Renner, »kommst du in Amsterdam nicht weit. Und ein Kindersitz passt auch nicht drauf.«

Er hatte meinen dicken Bauch gesehen und messerscharf geschlossen, dass bald zwei Personen über die Grachten transportiert werden sollten.

Ein Stadtrad musste her, und Theo wusste auch schon welches. All die blinkenden Räder mit superschmalen Felgen und Zehngangschaltung ließ er achtlos stehen. Er steuerte auf die hinterste Ecke des Geschäfts zu und zerrte ein gediegenes Gefährt hervor: braun-schwarz, mit einem gemütlichen, nach oben geschwungenen Lenker, zwei ordentlichen schwarzen Griffen, Klingel und einem so breiten Sattel, dass jeder noch so ausladende Hintern zweimal Platz darauf gefunden hätte. Nichts mit Leichtmetallfelgen, Alurahmen und Gangschaltung.

»Das geht doch nur kaputt.«

Theo nickte zufrieden. Dies schien ihm das richtige Gefährt für eine zukünftige Mutter zu sein: gemächlich, langweilig, aber zuverlässig.

Ich hatte mir mein Leben in Amsterdam spannend und mondän vorgestellt. Doch nicht mit einem Omarad. Das war so, als sollte ich meine Stilettos gegen Birkenstocks eintauschen.

Instinktiv aber fühlte ich, dass Theo von Rädern genauso viel verstand wie ich von Schuhen, und nickte nur stumm. Birkenstock nie, schwor ich mir, aber das Rad sollte es sein.

Eigentlich hatte ich es dem Friesen zu verdanken, dass ich Theo gefunden hatte. Er hatte schon bei der Wohnungssuche auf dessen Geschäft gezeigt: »Sehr gut, ein ordentlicher Fahrradladen.«

Meneer Groen, unser Makler, hatte zustimmend genickt.

»Ein ausgezeichnetes Wohnviertel mit allen Einkaufsmöglichkeiten und nur zehn Fahrradminuten vom Zentrum entfernt.«

Zu den Einkaufsmöglichkeiten gehörten noch ein Gemüsehändler, ein Schlachter, ein Käseladen und zwei Blumengeschäfte.

»Alles, was man braucht«, sagte der Friese zufrieden.

Ich war hingegen besorgt, weil ich gar keinen Bioladen, keinen Bäcker und vor allem keine Apotheke entdecken konnte.

»Wozu brauchst du eine Apotheke?«, fragte der Friese. »Wenn man eine braucht, dann findet man schon eine. Meistens reicht sowieso ein Paracetamol, und das kriegst du an jeder Ecke.«

Ich war verdattert: In einer so wichtigen Frage hatte ich keinen Widerspruch erwartet. In jeder Stadt und in jedem Land hatte ich bisher immer in der beruhigenden Nähe von mindestens drei Apotheken gewohnt. Im Notfall konnte ich gleich um die Ecke das lebensrettende Antibiotikum oder die juckreizstillende Salbe bekommen.

»Außerdem ist so eine Apotheke nicht ganz unwichtig im Fall von akuten Kreislaufstörungen«, sagte ich triumphierend.

»Was ist das denn?«, fragte der Friese entgeistert, als fürchtete er, dass ich ihm ein heimliches Leiden verschwiegen hätte.

Ich dachte lange nach, aber das richtige holländische Wort für Kreislaufbeschwerden wollte mir nicht einfallen.

In solchen Momenten zeigt sich, dass Sprachkurse, auch wenn sie noch so intensiv sind, nie ausreichen, um die kleinen Tücken im Alltag eines binationalen Pärchens zu bewältigen. An Worten wie Kugelschreibermine oder Kreuzschlitzschraubenzieher tut sich eine tiefe Kluft zwischen den Kulturen auf, die nur mit sehr viel Liebe zu überbrücken ist. Vor allem dann, wenn man gerade dabei ist, ein Ikearegal zusammenzuschrauben. Dasselbe gilt für Kreislaufstörung. Ich stellte erschrocken fest, dass mir mein Niederländischlehrer die korrekte Übersetzung dieser K-Wörter nicht beigebracht hatte, und nahm mir vor, diese Lücke so schnell es ging zu schließen.

Dass es ein niederländisches Wort für Kreislaufstörung gab, daran zweifelte ich keinen Moment.

»Das hat doch jeder irgendwann einmal«, meinte ich und zählte dem Friesen alle Symptome auf. Diese ernstzunehmende Volkskrankheit konnte doch nicht einfach an der Grenze aufhören zu existieren?

Meine Beschreibung machte ihm die Sache auch nicht verständlicher. Der Friese sah mich so entgeistert an, als würde ich von einem nur in Turkmenistan grassierenden Sumpffieber sprechen.

»Das haben wir hier in Holland nicht«, sagte er.

»Unmöglich. Jeder Mensch hat einen Kreislauf, auch Holländer.«

Heute bin ich mir da allerdings nicht mehr so sicher. Noch nie bin ich einem Holländer begegnet, der wusste, wovon ich sprach. Vielleicht haben Holländer doch keinen Kreislauf. Aber um ehrlich zu sein: Sogar mein deutscher ist in all den Jahren nie wieder aus dem Ruder gelaufen.

Die Bäcker- und Bioladenfrage haben wir an jenem Nachmittag dann nicht mehr erörtert. Man darf einer jungen Liebe auch nicht zu viel zumuten. Die frischen Brötchen zum Frühstück schminkte ich mir schnell ab, und auf der Jagd nach einem einigermaßen erträglichen Brot sollte ich in den folgenden Jahren Hunderte von Kilometern zurücklegen, als ginge es um handgearbeitete Einlegesohlen aus Tibet. In einem aber hatte der Friese absolut recht behalten: Theo.

Inzwischen war ich schon am Rand des Grachtengürtels, der Amsterdamer Innenstadt, angelangt. Wegen des Zwischenstopps bei Theo war ich später dran als üblich, daher waren die Radwege bis auf ein paar Touristen und Studenten frei.

»Was mache ich hier eigentlich?«, fragte ich mich auf einmal. Ich war in die verkehrte Richtung gefahren. Ich musste ja gar nicht zur Arbeit. Bei all der Aufregung hatte ich völlig vergessen, dass heute Mittwoch war. Ich wurde um zehn Uhr in Martens Schule erwartet.

Kapitel 9

Der Mittwoch ist der einzige Tag der Woche, an dem Paulien und ich nicht gemeinsam zur Arbeit radeln, ja noch nicht einmal arbeiten können. Und das geht vielen so. Mittwochs kommen holländische Kinder nämlich schon um 12 Uhr und nicht wie sonst um 15 Uhr aus der Schule. Daher liegt mittwochs das halbe Land flach. Holland ist ein Teilzeitparadies, und viele haben dann einen tariflich garantierten arbeitsfreien Tag. Entweder weil sie Kinder haben oder weil sowieso niemand zu erreichen ist.

Mittwoch ist Kindertag. Die Kleinen bekommen zwar keine Blumen und selbstgebastelte Karten mit roten Herzen wie ihre Mütter im Mai, dafür aber die kostbare Zeit und volle Aufmerksamkeit ihrer Eltern. Allerhöchstens, das ist aber nur alle vier Jahre der Fall, müssen die Eltern noch ihre staatsbürgerliche Pflicht erfüllen. Denn auch Wahlen finden grundsätzlich mittwochs statt, schließlich haben dann alle Zeit, und außerdem will man es den gut 100 000 frommen Calvinisten nicht zumuten, sich an einem Sonntag mit so etwas Profanem wie Politik zu befassen.

Nur die Kinderbeschäftigungsindustrie hat mittwochs Hochkonjunktur. Am Nachmittag werden dann die Kinder von Groningen bis Maastricht zum Fußball- oder Hockeytraining, zur Musikstunde oder zum Ballett kutschiert – wenn sie nicht gerade zu einem Kindergeburtstag eingeladen sind.

Und weil die paar kinderfreien Stunden am Vormittag den Kohl auch nicht fett machen, können die Mamis und Papis dann gleich all die lästigen Aufgaben erledigen, für die die Schule weder Zeit noch Geld hat. Das musste sich jedenfalls die Leitung unserer Schule gedacht haben, denn sie hat alle Ehrenämter auf diesen Vormittag gelegt.

Ich kam noch rechtzeitig. Vor der Schule stellte Paulien gerade ihr Fahrrad auf den Hof.

»Mittwoch!«, rief sie missmutig. Das sagte alles. »Weißt du, warum sie den freien Mittwochnachmittag nicht abschaffen?«

Paulien wartete meine Antwort gar nicht erst ab.

»Weil sonst das ganze Schulsystem zusammenbrechen würde. Wer würde dann noch mit den Kindern lesen und rechnen üben?«

»Und wer ihre Köpfe nach Läusen absuchen?«, ergänzte ich.

Denn das war meine ehrenvolle Aufgabe. Ich war die Läusemutter. Um die Kopflausplage einzudämmen, musste ich den Schülern jeden Mittwoch die Haare kämmen, auf der Suche nach den kleinen Kribbelviechern.

Paulien nickte mir bedauernd zu.

»Dass du diese Aufgabe übernommen hast, dafür bin ich dir heute noch dankbar.«

Dem Zwang, sich für die gute Sache einzusetzen, kann man sich in diesem Land nicht entziehen. Davor hatte mich Paulien schon vor ein paar Jahren gewarnt, als sich unsere Hände im schmutzigen Spülwasser trafen, auf der Suche nach einem Schwamm.

Es war während des halbjährlichen Großreinemachens der Schule. Wir waren der dringenden Aufforderung der Lehrer gefolgt, den Dreck unserer lieben Kleinen wegzuputzen.

Nicht im Traum hätte ich daran gedacht, die kollektive Reinigungsorgie anzuzweifeln oder auch nur mit einer klitzekleinen Bemerkung kritisch zu kommentieren. Ich stand am Beginn meiner Laufbahn als Mutter eines holländischen Grundschulkindes und war gerne bereit, mich allen lokalen Traditionen anzupassen, auch wenn dazu das Wienern schmutziger Klassenzimmer an einem warmen Sommerabend gehörte.

Auch die anderen Mütter und einige Väter waren klaglos der Aufforderung gefolgt und entsorgten – soweit ich sehen konnte, sogar mit Vergnügen – alte Butterbrotpapiere und schabten Kaugummireste von den Tischplatten. Es war einer dieser geselligen Momente, die die Niederländer so lieben. Im Lehrerzimmer konnte man sich ein *kopje koffie* holen, und irgendjemand hatte das Radio eingeschaltet.

Nur Paulien moserte.

»Die Schule kriegt doch Geld für Putzleute«, zischte sie mir zu, während sie mit dem nassen Tuch wild über die Fibeln rubbelte, so dass mir angst und bange wurde, ob die Buchstaben das wohl überleben und unsere Kinder jemals Lesen und Schreiben lernen würden.

»Das ist schon mein dritter Putztag in diesem Jahr. Neulich mussten wir sogar die Klos schrubben und saubermachen!«

Ich murmelte etwas vom Gemeinschaftsgefühl der Eltern, die auf diese Weise in den Schulalltag der Kinder miteinbezogen würden. Das war doch sicher auch Teil des pädagogischen Konzepts.

»Unsinn, das ist eine reine Sparmaßnahme. Und wo ist überhaupt Bas?«

Tatsächlich hatte sich der Direktor der Grundschule noch nicht blicken lassen.

»Der ist sicher bei einem Managementtraining«, lästerte Paulien. »Dafür geben sie das Geld nämlich aus.«

Das war für mich der erste Hinweis, dass nicht alle Holländer mit der Selbstverwaltung der Schulen so überaus zufrieden waren.

Im Zuge der allgemeinen Liberalisierungswut der 80er Jahre sollten auch aus den Schulen effiziente Unternehmen werden, komplett mit einem professionellen Management und einem ordentlichen Haushaltsplan.

Das sei gar nicht so einfach, hatte der Direktor einmal geklagt. Denn um überhaupt nur alle Managementhinweise des Bildungsministeriums ordnungsgemäß abzulegen, war eine ganze neue Planstelle nötig geworden. Geld für Klopapier, Hausmeister und regelmäßiges gründliches Putzen gab es dann eben nicht mehr.

Immerhin standen außer dem obligatorischen Kaffee auch zwei Flaschen Wein bereit, wie ich entdeckte, als ich im Lehrerzimmer nach neuen Schwämmen suchte.

»Das ist doch aufmerksam«, sagte ich. »Wann hat man schon mal die Gelegenheit, ausgiebig mit den anderen Eltern zu reden?«

Paulien entkorkte den Wein.

»Das geschieht noch häufiger, als dir lieb ist. Bald kommt der Ausflug in den Zoo. Dann müssen wir Ostereier im Park verstecken, beim Sommerfest Tee ausschenken und schließlich die Schule für Nikolaus dekorieren. Neulich haben sie mich sogar gefragt, ob ich nicht in der Mittagspause Aufsicht führen könnte.«

Das hatte sie rundweg abgelehnt.

»Irgendwann muss ich auch noch arbeiten.«

Der Angriff von Merel, Martens Lehrerin, kam völlig unerwartet, als ich leicht benebelt vom Wein die Schule verlassen wollte. Merel war die perfekt organisierte

Munterkeit, ein Linda-de-Mol-Typ. Blond, kräftig, groß und ungeheuer energisch.

»Wir brauchen noch eine Lesemutter. Das ist doch sicher genau das Richtige für dich.«

Ihre runden Backen glühten vor Tatkraft. Offensichtlich war Merel mein Putzeifer positiv aufgefallen.

»Es kostet auch gar nicht so viel Zeit. Du musst nur eine Stunde in der Woche mit den Kindern lesen üben. Das ist so *leuk*, und die Kleinen sind so dankbar.«

Leuk sagen Holländer zu allem, was sie nett, toll, hübsch, also auf jeden Fall äußerst positiv finden. Sechsjährigen aus einem Buch vorzulesen, fiel sicher in die Rubrik *leuk*. Allerdings zog ich es vor, das nicht während meiner kostbaren Arbeitszeit zu tun.

›Ist das nicht eure Aufgabe als Lehrer?‹, lag mir schon auf der Zunge. Aber ich wollte ja nicht unwillig wirken. Nur erschien mir gelegentliches Putzen und Kuchenbacken fürs Sommerfest völlig ausreichend. Ein regelmäßiges Ehrenamt dagegen war etwas ganz anderes.

Außerdem wagte ich zu bezweifeln, ob ich wirklich die Richtige für den Job der Lesemutter war. Ausgerechnet ich, die das holländische ›r‹ nicht im Rachen rollen und das ›l‹ nicht wie einen dicken Schwall Wasser im Mund blubbern lassen konnte.

Auch wusste ich aus Erfahrung, welche Folgen eine Stunde konzentriertes Niederländischsprechen bei mir hatte. Die vielen ch- und gr-Laute führten unweigerlich zu einem chronischen Kratzen in meiner Kehle. Das sagte ich Merel an diesem Abend natürlich nicht.

»Vielleicht«, gab ich zu bedenken, »ist das keine so gute Idee. Nachher kommen all die kleinen Amsterdamer mit einem deutschen Akzent nach Hause.«

Für Merel war das überhaupt kein Problem, im Gegenteil: »Die Geste zählt. Außerdem ist es doch gut, wenn sie merken, dass auch ein Großer nicht richtig Holländisch kann.«

Ich nickte gequält. Das war sicher äußerst pädagogisch.

Merel hatte den Eindruck, dass sie mich fest an der Angel hätte. Sie irrte sich nicht. Ich hatte bereits beschlossen, mir einen Vorrat Fisherman's Friends anzulegen, damit ich die Lesestunde ohne Halsschmerzen überstehen konnte.

Offenbar mache ich auf viele Menschen den Eindruck, dass ich mich voller Hingabe für alle möglichen guten Zwecke engagieren will und dafür gerne meine Zeit und auch mein Geld gebe.

Ich bin dann auch ein leichtes Opfer für jeden, der mir eine Spendenbüchse für hungrige Kinder in Afrika oder das Müttergenesungswerk unter die Nase hält. Und nicht nur zur Weihnachtszeit. Das wusste ich schon nach wenigen Wochen Niederlande. Da wird man nämlich das ganze Jahr über um eine kleine Gabe gebeten, am liebsten per Dauerauftrag. Das Spendensammeln und -geben gehört zum Alltag wie die Volksabstimmungen in der Schweiz. Nur dass die Eidgenossen nicht täglich zur Stimmabgabe geladen werden.

»Du bist eine richtige Holländerin«, pflegt Marten immer zu sagen, wenn ich vom Einkaufen nicht nur mit Brot und Milch, sondern auch als zahlender Freund der ›Stiftung zur Aufzucht verwaister Seehundbabys in einer Heulerstation‹ nach Hause komme. Es würde mir niemals einfallen, die jungen erwartungsvollen Menschen vor dem Supermarkt mit der Bemerkung zu enttäuschen, dass der Staat für das Training von Blindenhunden zu sorgen habe und ich schließlich Steuern zahle.

Marten hat aber recht: In dieser Hinsicht falle ich überhaupt nicht auf. Holländer spenden pro Jahr rund fünf Milliarden Euro für einen guten Zweck.

Auf dem absoluten Höhepunkt unterstützten wir monatlich acht wohltätige Vereine und bedachten bei der jährlichen Weihnachtsoffensive der gemeinnützigen Organisationen zusätzlich noch weitere fünf mit einer großzügigen Gabe.

Um eine Grenze zu ziehen, sage ich inzwischen den freundlichen Sammlern, dass ich die Stiftung ›Rettet den Polder-Otter‹ zwar unglaublich wichtig fände, dass ich aber bereits Mitglied sei. Meistens stelle ich zu Hause dann fest, dass das tatsächlich auch der Fall ist.

Und so war ich eben auch an jenem Abend mit dem neuen Ehrenamt aus der Schule gekommen. Und nicht nur ich. Paulien war zur Läusemutter befördert worden.

»Können wir nicht tauschen?«, fragte ich. »Nach Läusen kann ich auch mit meinem deutschen Akzent suchen.«

Sie sah mich an, als wollte ich ihr meine Chanel-Tasche schenken.

»Das ist doch wohl nicht dein Ernst! Es ist weitaus angenehmer, ein Buch in der Hand zu halten als eine Laus.«

Als Mutter von drei Kindern hatte Paulien Erfahrung mit Kopfläusen. Daher war sie auch für diese verantwortungsvolle Aufgabe ausersehen worden.

Merel, die an der Schule die Ehrenämter koordinierte, schaute uns skeptisch an, als wir uns bei ihr mit unserem Tauschwunsch meldeten. Paulien war nicht das Problem. Da sie ihr Geld mit Schreiben verdiente, war anzunehmen, dass sie auch lesen konnte. Das Problem war ich. Merel zweifelte, ob ich den Aufgaben einer Läusemutter gewachsen war, schließlich fehlte mir die Erfahrung für diese Funktion.

»Das ist eine sehr verantwortungsvolle Aufgabe«, sagte sie streng. »Wenn du etwas übersiehst, dann springen sie von einem Kind auf das andere, und dann haben wir den Salat.«

Ich ignorierte das leichte Kribbeln auf meinem Kopf.

»Ich habe eine Lesebrille«, sagte ich.

Doch erst als Paulien versprach, mich in die Merkmale einer Laus und ihre Bekämpfungsmethoden einzuweisen, ließ sich Merel überzeugen.

Von da an kämmte ich jeden Mittwoch die Haarschöpfe der Kinder. Nie hatte ich etwas Verdächtiges gefunden.

Merel hatte mich, glaube ich, im Verdacht, nicht gründlich genug zu kontrollieren. Aber das konnte sie mir unmöglich vorwerfen. Denn schließlich weiß jeder Holländer, dass Deutsche nicht nur pünktlich, sondern auch gründlich sind.

»Wollen wir noch einen Kaffee trinken?«, fragte Paulien, als wir uns an diesem Mittwoch nach unserem Dienst auf dem Schulhof trafen. »In einer Stunde kommen die Kinder sowieso aus der Schule.«

Von der Terrasse der Eckkneipe hatten wir einen guten Blick auf die Schultür.

»Weißt du, warum es bei uns mit der Emanzipation stockt? Weil wir Frauen so doof sind, immer diese Ehrenämter zu übernehmen. Kannst du dir vorstellen, dass eure Bundeskanzlerin Läuse sucht oder vorliest?«

»Angela Merkel hat keine Kinder«, erwiderte ich.

Wir rührten in unserem Milchkaffee.

»Egal, jedenfalls würde es unserem Ministerpräsidenten doch auch nicht einfallen zu sagen: *Sorry*, kein Gipfeltreffen am Mittwoch, da muss ich vorlesen. Wenn er das überhaupt mal tut, dann nur am nationalen Vorlesetag.«

Holländer lieben diese nationalen Tage, an denen sie kollektiv vorlesen, die Strände reinigen oder die Ställe der Streichelzoos ausmisten. Dann gehen Minister, Königin und andere Prominente mit gutem Beispiel voran, um das Volk zum Dienst an der Gemeinschaft zu erziehen.

»Immer dieser erhobene Zeigefinger!«, beschwerte sich Paulien. »Dabei ist das gar nicht nötig. Schließlich arbeitet jeder im Schnitt 13 Stunden im Monat ehrenamtlich. Und dazu kommt dann noch so etwas wie das Großreinemachen in der Schule oder der Kantinendienst im Sportclub.«

Ein Ehrenamt ist in den Niederlanden mindestens so wichtig wie eine bezahlte Arbeitsstelle und ebenso ordentlich organisiert, einschließlich einer strengen Bewerbungsprozedur. Wer nicht irgendwann einmal ein paar Stunden seiner Zeit für die Gemeinschaft geopfert hat, kann eine schnelle Karriere vergessen. Und ein Großunternehmen, das nicht mindestens einmal im Jahr mit der gesamten Belegschaft einen Betriebsausflug in ein Altersheim macht, um es zu renovieren, kriegt mehr Probleme mit den Aktionären als wegen der Auszahlung fetter Boni.

»Das kommt alles vom Calvinismus«, meinte Paulien. »Wenn du reich bist, musst du anderen etwas abgeben. Geld oder Zeit. Sonst fühlen wir uns schuldig. Das war früher bei den Kaufleuten im Goldenen Zeitalter nicht anders als heute, auch wenn heute keiner mehr in die

Kirche geht. Die Katholiken hatten den Ablasshandel und die Calvinisten das Ehrenamt. Und an wem bleibt es wieder hängen? An uns Frauen.«

Paulien lässt nur ungern eine Gelegenheit aus, die Emanzipation in diesem Land voranzubringen.

»Aber es engagieren sich doch auch viele Männer«, protestierte ich.

Paulien machte eine wegwerfende Handbewegung.

»Auch nur, weil es gut in ihrem Lebenslauf aussieht, wenn sie mal einen Spielplatz saubergemacht haben. Weißt du, warum die Regierung das Recht auf Teilzeitarbeit eingeführt hat? Weil es billiger ist, wenn wir die Arbeit umsonst machen, als allen Schulen und Vereinen einfach mehr Geld zu geben. Ich finde, sie sollten den elenden freien Mittwochnachmittag wieder abschaffen.«

Vor der Schule hatten sich inzwischen immer mehr Eltern versammelt. Darunter auch viele Väter mit den robusten Lastenrädern, mit denen die Kinder erst nach Hause und dann zu den verschiedenen Clubs kutschiert werden sollten. Das *bakfiets* ist der Volvo unter den Fahrrädern. Dagegen war Pauliens Rad eine schäbige Rostlaube.

»Der moderne Mann, ja, ja«, meinte sie abfällig. Mittwochs war sie häufig in einer besonders militanten Laune. »Die sind noch stolz, dass sie ein paar Stunden ihrer kostbaren Karriere für die Kinder opfern. Außerdem finden sie es doch hip, sich mit so einem *bakfiets* zu zeigen. Eigentlich haben sie das Ding nur, um am Wochenende ihre Bierkisten zu transportieren.«

Inzwischen hatte sich Hetty zu uns gesellt. Sie hatte sich nicht etwa vor einem ehrenamtlichen Einsatz gedrückt, sondern gehörte dem Managementteam der

Schule an. Ob die langen Abendsitzungen, die diese Aufgabe mit sich brachte, ein besserer Deal waren als die eine Stunde Läusesuchen, sei dahingestellt.

»Was machst du denn hier?«, fragte sie mich. »Ist bei euch heute nicht Papatag?«

Hetty hatte recht. Am Mittwochnachmittag kümmerte sich der Friese um seinen Sohn.

»Stimmt«, antwortete ich. »Und das bringt mich auf eine geniale Idee, wie ich mein Ehrenamt loswerde. Wenn er ohnehin am Nachmittag das Fußballtraining übernimmt, dann kann er doch auch morgens Läuse suchen.«

»Das kannst du vergessen«, winkte Paulien ab. »Männer können das nicht. Die sind viel zu schlampig.«

Sie sprach aus langjähriger Erfahrung.

Hetty stimmte ihr zu. »Außerdem solltest du sowieso einen anderen Tag zum Papatag machen. Der Mittwoch muss dein Tag werden. Das ist doch ideal, gerade jetzt, in deiner Situation.«

Ich sah sie misstrauisch an. Sie wollte doch nicht schon wieder die Geselligkeitsdebatte beginnen?

Hetty ignorierte meinen Blick. »Sieh dich nur mal um. Lauter geschiedene Männer. Das ist doch eine einmalige Gelegenheit! Wann triffst du schon so viele frischgebackene Singlemänner, die nichts anderes zu tun haben, als auf ihre Kinder zu warten? Bei der Schule, beim Fußballtraining, bei McDonalds.«

Mir erschien das überhaupt nicht ideal. Und Marten hätte das wahrscheinlich auch so gesehen. Ich bin nämlich eine jener Mütter, die jede Aktion auf dem Spielfeld lautstark kommentieren. Und angesichts meiner rudimentären Kenntnisse sei das, sagt Marten, »nur peinlich«. Außerdem hatte ich überhaupt keine Lust, mich aktiv auf Männerjagd zu machen. Aber das verschwieg ich in diesem Moment lieber.

Am Abend radelte ich erneut in die Stadt, nun wieder auf meinem eigenen, inzwischen reparierten *fiets*. Um 18 Uhr wollte ich mich mit Kees im Wynand Fockink auf den Wallen treffen. Die Klamottenfrage hatte ich sehr pragmatisch gelöst. Der ›Sack‹, wie Astrid immer abfällig meint, wurde es dann doch nicht, sondern Jeans und Pulli. *Lekker makkelijk*, würde der Holländer sagen. Schön bequem, wie sich das für eine Läusemutter gehörte.

Das kleine Lokal lag versteckt in einer Gasse zwischen dem Lieferanteneingang eines Hotels und einem angeschmuddelten Souvenirshop. Nur Eingeweihte wussten, dass hier schon seit über 300 Jahren Jenever gebrannt und, was noch viel wichtiger war, auch ausgeschenkt wurde. Vor der Tür standen schon ein paar junge Männer vom Typ aufstrebender Börsenmakler in feschen Anzügen, einige Studenten und ein junges Liebespärchen. Ich erkannte auch Klaas vom Tattooshop. Unter seinem weit aufgeknöpften Hemd sah man seine kunstvollen Kreationen in Blau. Auf der extrabreiten Fensterbank reihten sich Bier- und Schnapsgläser.

Kees stand bereits in dem dunklen Schankraum an der Bar. In die dicken, fast schwarzen Holzbalken waren ein paar Haken für die Jacken eingeschlagen. Entlang der mit vergilbten Konzertplakaten beklebten Wände saßen die Gäste auf schmalen Bänken.

»Willst du auch einen *kopstoot*?«, fragte Kees, nachdem wir uns mit Wangenküsschen begrüßt hatten.

Einen Kopfstoß? Ich sah ihn ratlos an.

»Ein Bier und ein alter Jenever«, erklärte er. Vor ihm

standen bereits zwei Gläser auf der Theke. »Das räumt *lekker* den Kopf auf nach einem langen Arbeitstag.«

Ich hatte zwar nur ehrenhalber gearbeitet, und außerdem fürchtete ich, dass so ein Amsterdamer Kopfstoß bei mir eher den gegenteiligen Effekt haben würde, doch ich nickte. Schließlich musste ich als Korrespondentin alles lebensecht erfahren.

Der Wirt stellte ein Bier vor mich hin und füllte das Schnapsglas bis über den Rand.

»Und jetzt?«, fragte ich.

»Ab in die Knie und schlürfen«, lachte Kees.

Ich war heilfroh, dass ich Astrids Rat, die Killerheels anzuziehen, nicht befolgt hatte. Ich sackte in die Knie, versuchte, lautlos zu schlürfen und dabei einigermaßen standhaft zu bleiben.

»Und, hattest du heute viel zu tun?«

Ich schüttelte den Kopf. »Es ist doch Mittwoch. Ich habe Läuse gesucht.«

Kees nickte anerkennend. »Ich muss morgen wieder ran.«

»Was, auch Läuse suchen?«

»Nein, ich trainiere in unserem Viertel eine Fußballmannschaft.«

Wir nahmen unsere Gläser und setzten uns nebeneinander auf eine Bank.

»Seit wann bist du eigentlich geschieden?«

Die Frage musste ja kommen.

»Ach, schon eine ganze Weile«, erwiderte ich betont gleichmütig. Dieses Thema wollte ich so schnell wie möglich abschließen. Nichts ist so unerotisch wie ein Beziehungsgespräch über eine vergangene Liebe mit einem … Ja, was war Kees nun eigentlich für mich? Nur ein Geschäftspartner oder schon ein Flirt?

Die Kneipe war inzwischen voll geworden. Neben mich hatte sich eine stabil gebaute blonde Frau gesetzt und quetschte mich in gefährliche Nähe von Kees. Er legte seinen Arm auf die Lehne und ließ seine Hand auf meine Schulter fallen, rein zufällig natürlich. Effektive Raumnutzung.

»Woran lag es denn? Passen Deutsche und Holländer nicht zusammen?«

Der Jenever begann zu wirken. Mein Gesicht war wahrscheinlich schon so rot wie eine holländische Tomate.

»Du warst doch mit einem Holländer zusammen, nicht?«

»Friese«, sagte ich automatisch und wollte noch einen Schluck nehmen. Mein Glas war leer.

»Willst du noch einen?«

»Dann fange ich gleich an zu singen. Und dann ist hier jeder weg.«

»Umso besser«, meinte er ungerührt. »Das macht es noch geselliger.«

Er nahm unsere Gläser und ging zur Bar.

»Wusstest du, dass Jenever echt holländisch ist? Der ist sogar europäisch geschützt. Wie der Beaujolais«, sagte Kees, als er zurückkam.

Erleichtert atmete ich auf. Das war sicheres Terrain. Mit den Spezialitäten der Holländer kannte ich mich deutlich besser aus als mit deren Männern.

Drei Amsterdamer Kopfstöße später war ich schließlich reif für mein Bett oder eine gefährliche Dummheit. Ich entschied mich für die sichere Variante.

Wenig später schlingerte ich mit meinem Rad durch die nächtlichen Straßen und sang ›Tulpen aus Amsterdam‹.

Hoffentlich habe ich nicht allzu viel dummes Zeug geredet, dachte ich. Auf jeden Fall war ich mir sicher, dass ich in der Kneipe nicht gesungen hatte. Wenigstens etwas.

Kurz bevor ich ins Bett fiel, sah ich auf dem Display meines Handys noch eine SMS von Astrid.

»Wie war's? Alle Details bitte.«

Details, die hatte gut reden.

»Nett«, simste ich zurück. »Ich war brav, glaube ich.«

Kapitel 10

Eigentlich gefiel mir mein Leben so, wie es war, sehr gut. Keiner fragte, ob ich auf dem Weg nach Hause noch das Jackett aus der Reinigung holen konnte oder wo denn nun schon wieder die Luftpumpe sei. Männer, und da war der Friese keine Ausnahme, haben nämlich die merkwürdige Eigenschaft, jeden Aufbewahrungsort zu vergessen, sobald sich ihre Frau in der Nähe befindet.

Das Singledasein hatte also durchaus seine guten Seiten. Und die genoss ich besonders mittwochnachmittags, wenn ich ungestört arbeiten, shoppen und mich später auch mit meinen Freundinnen treffen konnte. Oder aber mit Kees. Es war nämlich nicht bei dem einen *kopstoot*-Abend geblieben.

Einige Wochen später hatte ich mich erneut mit ihm verabredet, diesmal zum Mittagessen. Vorher musste ich allerdings noch bei Henny ein paar Dinge einkaufen.

Der Laden war gerammelt voll. Das kommt schnell vor, denn es passen nur drei Kunden gleichzeitig vor den Tresen. *Meneer* Boere gab gerade eine Großbestellung auf.

»Zehnmal jung, fünfmal alt, drei Liter Milch und noch eine Zehnerpackung Küchenrollen.«

Henny schnitt zehn Scheiben hellgelben, also jungen, Gouda ab und griff dann zum Laib alten Gouda.

Meneer Boere strahlte in seinem beigefarbenen Sakko und der schmalen Goldrandbrille eine gediegene Unauffälligkeit aus. Er nickte mir zu, während seine beiden Pitbulls an meinen Beinen schnüffelten.

Jeder hier im Viertel nennt *meneer* Boere Piet, bis auf mich. Ich halte gerne einen respektvollen Abstand zu ihm, seit er mir einmal unmissverständlich klargemacht hat, dass er Journalisten nicht ausstehen kann. Die bezeichnen ihn nämlich oft als Zuhälter. *Meneer* Boere aber ist *raamexploitant*. Mit *exploitant* ist in diesem Fall Unternehmer und nicht Ausbeuter gemeint.

Meneer Boere vermietet im Rotlichtviertel die 4,8 Quadratmeter kleinen Kämmerchen mit den dazugehörenden Schaufenstern an – wie er sagt – selbständige Unternehmerinnen. Was die Damen dort anbieten, sei ihm eigentlich egal, hatte er mir erklärt. Im Prinzip könne auch ich bei ihm ein Fenster mieten. Ich bezweifelte allerdings, dass ich die tägliche Miete von 300 Euro zusammenschreiben könnte.

Offenbar war er aber nicht nur der Vermieter der Damen, sondern versorgte sie gelegentlich auch mit einem Mittagessen, wie man unschwer aus seiner Bestellung schließen konnte.

Milch und Käsebrötchen – mehr braucht ein Niederländer eben nicht. Das ist bei den Huren nicht anders als beim Ministerpräsidenten. Alles, was über das Käsebrötchen und Glas Milch hinausgeht, ist für Holländer so exotisch, dass es eigentlich nur aus dem paradiesischen Frankreich kommen kann. Bourgondisch nennen sie das.

»Was, du willst kein Brötchen?« Henny starrte mich verblüfft an, als ich nur Zigaretten und Lakritze bestellte.

»Nein, ich gehe heute lünchen.«

Ich habe mir angewöhnt, das Wort *lunchen* auf holländische Weise auszusprechen, sonst versteht mich keiner. Irgendjemand muss den Niederländern einmal weisgemacht haben, dass Engländer das ›u‹ wie ein ›ü‹ aussprechen. Seither sagen sie ›müch fün‹, wenn sie viel Spaß haben.

An diesem Tag ging ich also mit Kees lünchen. Wir trafen uns wieder im Café Het Loosje bei der alten Waage. Als ich ankam, saß er bereits an einem Ecktisch und las Zeitung.

»Du wirst immer holländischer«, sagte er. »Nun bist du sogar schon nicht mehr pünktlich.«

Ich sah schuldbewusst auf die Uhr. »Fünf Minuten – *moet kunnen.*«

Die Speisekarte war nicht sehr umfangreich. Wir konnten zwischen alt und jung sowie braun und weiß wählen. Als besondere Delikatesse hatte das Café heute ›echte Waldkornbrötchen‹ im Angebot. Keine Ahnung, in welchem holländischen Wald Körner wachsen, aber es klang zumindest schön deutsch, und Brot mit einem deutschen Namen verkauft sich einfach besser. Wenigstens haben sie unsere Autorität in Sachen Brot anerkannt, stellte ich zufrieden fest und entschied mich für ein ›Waldkornbrötchen gesund‹.

Kees ist ein großer Freund der kargen Mittagsmahlzeit.

»So ein Lunch spart Zeit. Man braucht noch nicht einmal Besteck. Es ist *lekker makkelijk.*«

Wenn Holländer überhaupt eine Lebensmaxime haben, dann ist es dieses ›wunderbar einfach‹. Das schlägt alles, selbst jedes Argument für Genuss. Als würde Essen erst dadurch lecker, dass es schnell und einfach zu konsumieren und zuzubereiten ist.

Auf diese Weise wird natürlich auch eine Tiefkühlpizza mit einem vorgewaschenen und -geschnippelten

Salat aus der Plastiktüte zu einem Gaumenschmaus. Bei so manchen führt das allerdings zu einer interessanten Blickverengung. In italienischen Supermärkten kann man holländische Touristen beobachten, die verwirrt durch die Gemüseabteilung irren, vorbei an Bergen von Tomaten, Radicchio und Rucola. Schließlich stellen sie frustriert fest, dass der Salat ausverkauft ist, weil das offenbar nur für holländische Campingurlauber eingerichtete Kühlregel mit vorverpacktem Grünzeug leer ist.

»So ein Lunch passt auch zu unserer Sitzungskultur«, meinte Kees. »Du musst keine Pause einlegen. In der einen Hand hast du das Brötchen und in der anderen die Unterlagen. Perfekt.«

Ich sah die großen Platten vor mir, die grundsätzlich zur Mittagszeit auf den Konferenztischen überall im Lande stehen. Dick unter Zellophan verpackt liegen da pappige, mit Käse belegte Brötchen. Punkt 12 Uhr wird dann die Plastikfolie entfernt.

»Im Gegenteil«, widersprach ich. »Meine Arbeitsfreude stört das empfindlich. Ich kenne keinen Ausländer, der in Ekstase gerät, wenn bei einer Sitzung ein holländischer Lunch gereicht wird.«

Ich erinnerte mich an einen französischen Botschafter, der deswegen sogar schon nach kurzer Zeit das Land fluchtartig verlassen hatte.

Ich biss in mein gesundes Waldkornbrötchen, das nur deshalb gesund hieß, weil auf dem Käse noch ein Salatblatt, fünf Schnipser Karotte, drei Tomatenscheiben und ein halbes hartgekochtes Ei lagen. Die Tomate legte ich an die Seite.

»Isst du keine Tomaten?«, fragte Kees. »Ach ja, für euch sind das ja Wasserbomben.«

Der Aufstand Deutschlands gegen die holländische Tomate in den 90er Jahren hatte bei den Niederländern ein tiefes Trauma hinterlassen. Seitdem wird jeder Deutsche, der eine Tomate vor sich hat, mit Argusaugen beobachtet. Wird er sie essen oder nicht?

Betont beiläufig sagte ich: »Heute mal nicht.«

Kees fischte sich die Tomatenscheiben von meinem Teller. Es ist sicher keine holländische Eigenart, vom Teller eines anderen zu naschen, doch in den vergangenen Wochen hatten wir uns so oft auf einen *kopstoot* oder ein *kopje koffie* getroffen, dass er wohl meinte, sich eine gewisse Vertraulichkeit erlauben zu dürfen.

»Wir sind eben ein Käsevolk«, meinte er. »Warum, denkst du, sind wir die längsten Menschen der Welt? Weil wir so viel Milch trinken und Käse essen.«

Ich war von der Richtigkeit dieser Studie absolut überzeugt, auch wenn ich nicht sicher war, ob sich auch die Massai so einfach hatten messen lassen. Aber Kees war schließlich mit seinen 1 Meter 96 der lebende Beweis dafür, dass diese These stimmte.

Aber das mit dem Käsevolk wagte ich offen zu bezweifeln.

»Vergleich das doch mal mit den Franzosen. Die können unter hundert Sorten auswählen und ihr gerade mal zwischen jung und alt.«

»Unsinn!« Kees schien ernstlich in seiner Ehre gekränkt zu sein. »Wir haben Gouda, Edamer, Leidse, Beemster. Jung, mittelalt, sehr alt, lang gelagert, weniger lang gelagert. Gut, das sind keine hundert Sorten, aber wir sind eben auch nicht so chauvinistisch wie die Franzosen oder ihr mit eurem Bier.«

Der Seitenhieb saß. Doch eigentlich hatte er ja recht. Wenn die Zahl der EU-geschützten regionalen Produkte etwas über den Chauvinismus eines Landes aussagt, dann sind die Holländer tatsächlich äußerst bescheiden. Dennoch konnte ich mir den Hinweis nicht verkneifen, dass auch chauvinistischer Käse in Holland äußerst beliebt war.

»Immer wenn ihr was zu feiern habt, tischt ihr französischen Weichkäse auf, und dann nicht etwa als krönendes Bonbon am Ende eines Diners, sondern als Häppchen davor. Dabei lautet die Regel doch: Käse schließt den Magen.«

Kees kaute ungerührt an seinem weißen Brötchen jung.

»Das ist doch praktisch. Dann essen die Gäste vom Hauptgang nicht so viel.«

»Sind die Käsehäppchen etwa eine verkappte Sparmaßnahme oder eine gutgemeinte Warnung, dass man nicht allzu viel von der Qualität des Essens erwarten soll?«

»Wir sind nun mal keine Genießer«, räumte Kees ein. »Französischer Käse ist Luxus und holländischer ein Grundnahrungsmittel, so wie für euch das Graubrot. Er ist gesund und stammt aus dem eigenen Land.«

Aha, dachte ich und bestellte zwei Kaffee.

Aber was hätte er sonst auch sagen sollen. In diesem Land wird alles, was als lebensnotwendig gilt, zu Käse. Sogar die Erdnussbutter heißt *pindakaas*. Vielleicht weil man sie so schön auf sein Schlabberbrot schmieren kann. Zum Glück kommen die Holländer nicht wie die Amerikaner auf die Idee, so ein Erdnussbutterbrot auch noch mit Johannisbeergelee zu beträufeln.

Aber *pindakaas* gehört in jeden holländischen Vorratsschrank wie Salz und Zucker und darf selbstverständlich auch im Urlaubsgepäck nicht fehlen. Schließlich kann man ja nicht wissen, ob man in Italien auch so etwas Leckeres aufgetischt kriegt. Dabei stammt der fette Brotaufstrich gar nicht aus dem Polder, sondern aus den niederländischen Kolonien. Glücklicherweise haben sie dort auch gelernt, dass man aus Erdnussbutter eine wunderbare scharfe Soße zubereiten kann, in der alles, sogar die Fritten, ertränkt werden.

Dass der Käse zu Holland gehört wie die Uhr zur Schweiz, musste mir keiner erzählen. Dafür brauchte noch nicht einmal Frau Antje in ihre *klompen* zu schlüpfen. Schließlich hatte ich mit einem Mann zusammengelebt, der es mit Leichtigkeit auf die oberen Plätze der Rangliste der größten Käseesser geschafft hätte.

Der Friese brachte gleich drei Käseschaber mit in die Ehe und war sogar fest davon überzeugt, dass es sich um eine holländische Erfindung handelte. Dabei hatte ein Norweger 1927 das praktische Gerät erfunden.

Marten war sich sogar ganz sicher, dass der Einzelhandel in unserem Viertel unter dem Auszug seines Vaters empfindlich gelitten hatte. Vor einigen Wochen sahen wir, dass der Käseladen in unserer Straße geschlossen hatte. Umständehalber.

»Wahrscheinlich ist er pleitegegangen, weil Papa nicht mehr dort einkauft. Das waren doch bestimmt drei Pfund Käse in der Woche und täglich ein Liter Milch.«

Diese Umsatzeinbuße hätten wir nie wettmachen können, zumal sich auch bei Marten das deutsche Wurst-Gen als deutlich stärker erwiesen hat – besonders, wenn wir uns einer deutschen Currywurstbude nähern.

Aber die Pleite des Käsehändlers hatte natürlich eine andere Ursache, wie wir schließlich von Theo erfuhren: Der Käsehändler hatte mehr Ecstasy als Gouda verkauft. Die Partydroge ist in Holland zwar ein noch weitaus lukrativeres Exportprodukt als Tulpen und Käse zusammen, allerdings verboten.

Dass Kees ein so glühender Verteidiger des holländischen Käses war, wunderte mich also nicht. Mit seinem Namen hatte das aber bestimmt nichts zu tun, denn so wie die Amerikaner aus jedem Robert einen Bob machen, kürzen auch die Holländer alles ab. Selbst die kürzesten Namen werden, wenn es irgend geht, auf eine Silbe reduziert. Aus Paulien wird dann Pien und aus Cornelis eben Kees.

Kees stammt aus Alkmaar und war nach dem Studium in Amsterdam hängengeblieben, wie so viele.

»Es ist doch die einzige Stadt, in der man leben kann, zumindest in Holland«, sagte er. »Hier wirst du nicht bevormundet.«

Ich wagte kaum zu fragen, ob er nie erwogen hatte, zum Beispiel nach Rotterdam zu ziehen.

»Ich finde Rotterdam wunderbar. Die Wolkenkratzer und die alten Hafenanlagen«, schwärmte ich. »Und dann diese Skyline. Das ist fast schon Manhattan, nur an der Maas.«

»Das würde ich hier aber nicht so laut sagen, und vor allem dann nicht, wenn Ajax gegen Feyenoord spielt. Rotterdam ist unser Erzfeind.«

Kees war Ajax-Fan, so viel war klar.

»Außerdem ist Rotterdam nicht typisch holländisch«, meinte er mit der ganzen Selbstsicherheit des Amsterdamers. »Es ist viel zu neu. Und Amsterdam ist viel geselliger. Aber das echte Holland ist das hier auch nicht. Weißt du, wo du das findest? In der Provinz. In Gouda, Leiden, Edam.«

Es konnte kein Zufall sein, dass das alles Käsestädte waren, blitzsaubere Städte, in denen selbst die Bürgersteige immer wie frisch gewaschen aussahen. Das war ausländischen Reisenden schon im 17. Jahrhundert aufgefallen. Die fanden Holland ›übertrieben reinlich‹.

»Und weißt du, was der Grund dafür ist?« Er sah mich triumphierend an.

»Der Calvinismus«, sagte ich automatisch. »Ich habe ja schließlich lange genug in Genf gewohnt, der Stadt des Reformators. Da haben sie sogar die Abfalleimer von innen mit der Zahnbürste geschrubbt.«

»Falsch. Der Käse. Wenn man Käse herstellt, muss nämlich alles hygienisch und sauber ein. Deswegen sind wir so ein reinliches Volk. Wusstest du, dass es in keiner Sprache so viele Wörter für Sauberkeit gibt wie im Holländischen?«

Das würde ich nie bezweifeln, schließlich ist Käse hier sogar der Inbegriff der Weisheit. Wenn ein Holländer von einer Sache sprichwörtlich ›keinen Käse gegessen‹ hat, dann heißt das schlicht, dass er keine Ahnung hat. Und dass die Holländer nicht genug von ihrem Käse gegessen hatten, konnte man ihnen nun wirklich kaum vorwerfen.

»Die Reinlichkeit ist euch aber ein bisschen abhanden gekommen im Laufe der Jahrhunderte.«

Ich sah aus dem Fenster, wo sich die Möwen auf dem Nieuwmarkt schreiend über die Reste von alten Pommes und *frikandellen* hermachten. Wenn sie ein Stück ergattert hatten, flogen sie rasend schnell auf die Gracht zu und machten einen Looping, um sich dann mit einem halsbrecherischen Sturzflug erneut ins Getümmel zu stürzen. Beute gab es genug für sie.

»Für Schweizer beispielsweise muss das doch der Vorhof der Hölle sein, die kommen schließlich auch aus einem Käseland, und zwar aus einem sehr sauberen.«

Kees nickte betrübt. »Der Dreck steht immer unter den

Top Drei der Rangliste der größten Ärgernisse, übrigens auch bei uns Holländern.«

Irgendetwas musste also schiefgegangen sein. Und es konnte ja wohl nicht daran liegen, dass Käse nun mit pasteurisierter Milch und in keimfreien Fabriken zubereitet wurde und strenge Hygiene damit überflüssig war.

Als wir das Café verließen, zeigte sich Amsterdam von seiner schönsten Seite. Die Sonne strahlte, und der Wind blies große watteweiße Wolkenberge über die Grachten. Das muss der Grund gewesen sein, dass ich nach oben schaute. Vielleicht lag es auch daran, dass Kees seinen Arm um meine Schulter gelegt hatte. Auf jeden Fall achtete ich nicht auf das, was da vor meinen Füßen lag.

»Pass auf«, rief Kees plötzlich und packte mich am Arm. »Da ist ein Hundehaufen.«

Zu spät. Ich sah nach unten. Gelbbraun quoll es unter meinem Schuh hervor.

»*Shit*«, sagte ich.

Genau in diesem Moment hörte ich hinter mir jemanden lachen. *Meneer* Boere mit seinen ständigen Begleitern, den beiden Pitbulls. Der eine hockte noch mitten auf dem Weg, um einen weiteren Haufen zu setzen. Der Gestank stieg mir in die Nase.

Mist, wiederholte ich leise, und diesmal meinte ich damit meine Feigheit. Denn ich traute mich nicht, *meneer* Boere wüst zu beschimpfen. Seine Hunde sind nämlich unantastbar. Und es sind nicht gerade freundliche Tiere, was sie mit ihrem Herrchen gemein haben.

Stumm ging ich weiter, eine bräunliche Spur hinterlassend.

»Warum unternimmt denn eigentlich keiner etwas gegen den *hondenpoep*?«, klagte ich.

»Tun wir ja. Wir haben schon eine ganze Abteilung, die sich damit befasst. Und einen Fuhrpark von Hundehaufenstaubsaugern. Aber wir kommen nicht dagegen an.«

»Ja, ja, sicher wieder *moet kunnen*«, murrte ich.

Kees legte wieder den Arm um meine Schulter und drückte mich leicht an sich. Ein kleiner Trost.

»Tiere sind für uns nun mal eine schützenswerte Minderheit.«

Ich seufzte. »Das kann aber auch zu weit gehen. Zum Beispiel wenn ein Milliardenprojekt stillgelegt wird, weil in dem Baugebiet plötzlich ein Hamster auftaucht.«

Aber was sollte man anderes erwarten von einem Volk, das einen Spatzen als Märtyrer verehrt, der auf tragische Weise einem Rekordversuch im Umwerfen von Dominosteinen zum Opfer fiel? Zehntausende trugen sich in die Kondolenzlisten ein, die Staatsanwaltschaft ermittelte, und der ›Dominospatz‹ fand seine letzte Ruhestätte im Naturhistorischen Museum in Rotterdam.

»Jede Taube«, sagte ich und sah nun angestrengt auf den Boden, »wird nach einem Zusammenstoß mit einem Fahrrad von der Tierambulanz mit Blaulicht ins nächstgelegene Tierkrankenhaus gebracht.«

»Das ist vielleicht etwas übertrieben«, erwiderte er, »aber Tiere haben nun mal keine Lobby.«

»Was?« Ich blieb auf der kleinen Brücke vor dem Haschmuseum stehen. »Ihr seid doch das einzige Land der Welt, in dem die Tiere sogar im Parlament ihre eigene Partei haben.«

Doch es hatte wenig Sinn, um ein wenig Hundedreck viel Aufhebens zu machen. Das sah ich ein.

»Gib mal her«, meinte Kees und zeigte auf meinen Schuh.

Ich setzte mich auf die Treppenstufen des Museums, unter das neongrüne Hanfblatt. Kees nahm den Schuh und machte ihn in der nächstgelegenen Pfütze sauber. In seinem Bemühen, nett zu den hier lebenden Ausländern zu sein, war er sogar vor mir in die Knie gegangen.

›Jeder Nachteil hat seinen Vorteil‹, wie Hollands Fußballgott Johan Cruijff zu sagen pflegt. Und in diesem Fall hatte er absolut recht.

Kapitel 11

Es war Ende November geworden, und es regnete. Es war so ein hundsgemeiner Regen, der aussieht wie eine sanft plätschernde Dusche, doch in Wahrheit alles und jeden innerhalb von einer Minute bis auf die Knochen durchnässt. Am schlimmsten ist, dass er nie aufhört. Es gibt Holländer, die der Ansicht sind, dass es in ihrem Land eigentlich immer November sei, und dann zitieren sie gerne ihren berühmten Dichter J. C. Bloem: »Immer November, immer Regen. Immer dies leere Herz.«

Diese saisonbedingte Depression muss man aber nicht so ernst nehmen. Schließlich bereiten sich die Holländer gerade in jenen Wochen auf die schönste Zeit des Jahres vor: *Sinterklaas*. Schon Wochen vor dem 5. Dezember bestimmt das kommende Nikolausfest das gesamte tägliche Leben. Nur ich bin weitgehend immun.

Auf meinem Heimweg musste ich noch eine Kleinigkeit bei Theo besorgen. Als ich den Bikeshop betrat, hing Theo über seinem Tresen und entwarf eine Anzeige für das Stadtteilblättchen.

»›Der *Sint* kauft schnell ein Rad, dann hat er wat.‹ Wie findest du das?«

»Auf jeden Fall reimt es sich«, sagte ich diplomatisch.

Theos Dichtkunst ist im ganzen Viertel bekannt. Er ist nämlich der Ansicht, dass gereimte Werbeslogans mehr Kunden anlocken als ungereimte und dass sie umso besser wirken, wenn sie auch noch zur Saison passen. Und nun kam die Zeit von *Sinterklaas*, da passte eine gereimte Anzeige doppelt gut.

In der Nikolauszeit bereiten sich die Holländer auf die große Bescherung vor. Die findet nicht etwa Heiligabend statt, sondern am Abend des 5. Dezember. Und dann werden auch sie zu einem Volk der Dichter und Denker. Wenn der deutsche Philosoph Johann Gottfried Herder nur einmal zur *Sinterklaas*-Zeit in diesem Land gewesen wäre, hätte er niemals das vernichtende Urteil fällen können, dass ›einem Holländer im Prinzip jegliches Gefühl für Poesie abgeht‹. Denn das kommt genau in diesen Wochen zur Blüte. Holländer, die auf sich halten – und das sind so ziemlich alle –, versehen jedes Geschenk mit einem möglichst originellen Gedicht. Und Theo war da absolut keine Ausnahme.

Mark runzelte die Stirn. »Was hältst du denn von: ›Was das Pferd für den *Sint*, ist ein Rad für dein Kind‹?«

»Du bist ja ein echter Dichter!« Theo sah ihn überrascht an.

»Nein, nein«, wehrte Mark ab. »Das ist alles eine Sache der Übung. Ich habe sechs Geschwister. Wir waren zu *Sinterklaas* manchmal 15 Leute. Da häuft sich das ganz schön mit den Gedichten. Als dann die Kinder kamen, haben wir damit aufgehört.«

Mark meinte natürlich nicht, dass das Dichten oder gar Beschenken ein Ende gehabt hätte. So schnell gibt ein Holländer eine Tradition nicht auf.

»Die Familie wurde zu groß. Ihr habt ja keine Ahnung, was da an Geschenken zusammenkommt.«

»Und all die Gedichte«, ergänzte ich, denn mit einem popeligen Zweizeiler, das wusste ich aus schmerzlicher Erfahrung, kam man nicht davon.

»Genau«, pflichtete Mark mir bei. »Mit unseren eigenen

Kindern machen wir es natürlich ganz klassisch. Aber wenn wir dann noch mit der gesamten Familie feiern, dann gibt es nur noch ein Geschenk pro Person. Wir losen, wer wen beschenkt. Das ist *lekker makkelijk*«, meinte er noch und hielt mir eine Schale mit *pepernoten* hin.

Ich lehnte dankend ab. Ab September wird man ständig und überall mit dieser holländischen Variante der Pfeffernuss überschüttet. Und spätestens im November war bei mir die kritische Grenze erreicht. Ich wollte nichts als zwei kleine Fahrradlämpchen, die ich Marten in seinen Schuh legen konnte, und zwar zum 6. Dezember.

»Was machst du eigentlich an *Sinterklaas*? Feierst du auch?« Theo sah mich an, als ginge es um den alles entscheidenden Beweis meiner Integration.

Und das war es auch. *Sinterklaas* ist der Kern der niederländischen Identität. Hierin unterscheiden sich die Holländer von allen anderen Völkern. Nur bei ihnen ist der Kollege des Weihnachtsmannes wichtiger und darf sogar die Geschenke bringen.

Ich schüttelte den Kopf. »In diesem Jahr nicht mehr. *Sinterklaas* ist schließlich holländisch, also ein Papafest. Marten und ich feiern Weihnachten.«

»Ich verstehe«, sagte Theo, was nicht der Wahrheit entsprach, das konnte ich an seinem verwirrten Gesichtsausdruck sehen. »Eigentlich schade, es ist doch so gesellig.«

Gesellig? Für eine Deutsche, die Zimtsterne, volle Gabentische und ›Stille Nacht‹ bis zum Abwinken gewöhnt ist, ist das holländische Nikolausfest zumindest gewöhnungsbedürftig.

Drei Wochen vor dem eigentlichen Fest, und damit auch drei Wochen vor dem 1. Advent, legt traditionell das Dampfschiff des Mannes an der holländischen Küste an. *Sinterklaas* kommt nämlich aus Spanien, so sagt die Legende. Das ist an sich natürlich schon höchst unwahrscheinlich. Welcher Spanier würde schon freiwillig im November nach Holland reisen, noch dazu mit einem Dampfer? Allerdings handelte es sich bei ihm natürlich um einen Heiligen, und die ticken ja ein bisschen anders. Außerdem kann er mit einem überwältigenden Empfang rechnen. Jede Stadt, jedes Dorf heißt ihn oder seine zahlreichen Stellvertreter jubelnd willkommen.

Ich erinnerte mich noch gut daran, wie wir stundenlang mit Tausenden von anderen Familien in der Kälte standen. Alle warteten auf den Einzug des Nikolaus. Sein Gefolge, die *Zwarte Pieten*, die schwarzen Peter, bestreuten jeden mit *pepernoten* und anderen Süßigkeiten, die sich vor allem dadurch auszeichneten, steinhart und drecksüß zu sein, wie die Kamellen beim Karneval. Jedenfalls war mir bereits am ersten Abend das glückselige Mutterlächeln vergangen, als ich die blauen Flecke auf meinen Armen zählte.

Was ich damals noch nicht ahnte, war, dass regelmäßig an jenem Tag in meiner deutsch-holländische Idylle ein Rosenkrieg ausbrechen sollte. Bei Weihnachten verstehe ich nämlich keinen Spaß. Genauso wenig konnte der Friese seine sonst so beneidenswerte Lockerheit aufbringen, wenn es um *Sinterklaas* ging. Nur hatte er schon allein zeitlich einen uneinholbaren Vorsprung.

Bis zum 5. Dezember durfte Marten jeden Abend seinen Schuh an den Kamin stellen, und der musste auch jede Nacht gefüllt werden. Am liebsten mit einem 100 Gramm schweren Buchstaben aus Schokolade. Ein M für Marten. Da konnte ein popeliger Adventskalender natürlich nicht mithalten.

Mein nächster Schachzug kam zum ersten Advent. Allerdings konnte es selbst der dickste Kranz nicht mit dem Mann auf seinem weißen Pferd aufnehmen, der ständig von einer Horde lustiger Sarotti-Mohren umgeben ist. Zumal auch noch eine eigene tägliche Nachrichtensendung die PR für ihn übernimmt.

Nur die Plätzchen waren in jenen Wochen meine Geheimwaffe. Meine Zimtsterne haben bisher noch jede *pepernoot* um Längen geschlagen.

Kaum war *Sinterklaas* wieder abgezogen, dachte ich, freie Bahn für eine besinnliche Vorweihnacht zu haben. Ein Trugschluss. Das musste ich spätestens dann einsehen, wenn mein Mann mit dem Weihnachtsbaum vor der Tür stand. Und zwar am 6. Dezember.

»Wir haben doch noch nicht einmal den zweiten Advent«, rief ich im ersten Jahr entsetzt. Nun rächte es sich, dass wir keinen Balkon hatten. Die Jubelfichte musste aufgestellt werden, und zwar mitten im Wohnzimmer, ungeschmückt – das traurige Mahnmal eines Wettkampfes, den ich niemals gewinnen konnte.

In diesem Jahr aber sollte alles anders werden, hatte ich mir vorgenommen. Ich wollte meine saisonbedingten Heimatgefühle ungehindert ausleben.

Auf dem Weg nach Hause fühlte ich eine gewisse unbeschwerte Leichtigkeit, die nicht unwesentlich darin begründet war, dass ich dem Dichtstress entronnen war. Die *Sinterklaas*-Poesie ist nämlich beileibe kein nettes Späßchen, sondern unterliegt strengen Regeln: *Sinterklaas*-Gedichte sollen möglichst lang, originell und die Reime perfekt sein.

Mein erstes Verslein: »Der *Sint* war am Denken, was soll er Dirk schenken«, entsprach absolut nicht dem hiesigen Niveau. Es brachte mir dann auch lautes Hohngelächter und eine Rüge ein.

»Das ist der Klassiker für Faule«, hatte mein Mann erklärt, »damit kommst du nicht durch.«

In den Jahren danach hatte ich mir wirklich Mühe gegeben und sicherlich 250 Gedichte mit mindestens zehn Versen geschrieben. Ein beachtliches Oeuvre, das aber – wenn es nach mir ging – nicht erweitert werden sollte.

Das galt natürlich nicht für Marten. Er musste schließlich den holländischen Teil seiner Familie beschenken. Und das hieß auch: 13 Gedichte.

Als ich nach Hause kam, saß er bereits am Computer. Er hatte die zehn besten Internetseiten mit Reimtipps aufgerufen und brütete über einem Gedicht, das zu dem Geschenk für seinen Vater passte: eine Pillendose.

»*Sint* gibt ein Döschen für die Pillen … Was reimt sich auf Pillen?«

»Killen.«

Es rutschte mir so heraus. Marten sah mich vernichtend an.

Zugegeben, das war keine pädagogisch wertvolle Antwort. Außerdem war der holländische Nikolaus ein friedlicher Mann, und die *Zwarte Pieten* hatten ihre Ruten genau wie Knecht Ruprecht im Zeitalter der Abrüstung schon längst verschrottet.

»*Sorry*«, sagte ich. »Dann *billen*.«

Ein Po passte schließlich immer und war unschuldig im Vergleich zu einer versteckten Morddrohung. Marten war zufrieden.

Bei anderen Empfängern hätte ich mir diese Vorsicht wahrscheinlich sparen können. Schließlich ist in *Sinterklaas*-Gedichten nicht nur alles erlaubt, sondern Bösartiges sogar erwünscht.

»Es darf richtig gemein sein,« hatte Kees gesagt, als ich ihn auf dem Markt zufällig bei seinen *Sinterklaas*-Einkäufen getroffen hatte. »Das ist der Moment im Jahr, an dem du deinem Chef mal so richtig die Meinung sagen kannst, oder die Kinder ihren Eltern. Schaden kann es dir ja nicht, schließlich kommen die Gedichte ja offiziell von *Sint* und *Piet*.«

Er war in diesen Wochen vor der großen Bescherung jedenfalls mit großer Begeisterung dabei, sich möglichst bissige Gedichte auszudenken.

»Letztes Jahr hatte ich eins: ›Kees, der Sitzungstiger, ist nie ein Sieger‹.« Er lächelte.

»Nach der Gemeinheitsnorm war das ja ein Volltreffer«, meinte ich. »Und von wem stammte das?«

Er überlegte. »Von meinem Schwager, glaube ich. Im allgemeinen Trubel geht das eigentlich unter. Das ist auch gar nicht so wichtig, es geht um den Spaß.«

Sinterklaas ist sozusagen für die Calvinisten das, was Karneval für die Katholiken ist. Sie dürfen endlich mal die Sau rauslassen und müssen sich dafür noch nicht einmal in ein lila Clownkostüm zwängen. Hauptsache, es reimt sich. Warum dafür ein unschuldiges Kinderfest herhalten muss, ist mir bis heute ein Rätsel.

Außerdem wäre es sowieso nicht nötig, denn Niederländer sagen auch an den übrigen 364 Tagen immer, was sie denken. Sie sind sogar der festen Überzeugung, dass alles gesagt werden *muss*, und finden es höchst lächerlich, dass andere Völker wie etwa die Engländer sich viel Mühe geben, unangenehme Wahrheiten mit möglichst vielen Worten hübsch zu verpacken. Die Niederländer dagegen sagen ihre Meinung so, wie andere den letzten Rest aus der Zahnpastatube drücken, nach dem Motto: Was drin ist, muss auch raus.

Selbstverständlich müssen auch die Meisterwerke zu *Sinterklaas* einem möglichst großen Publikum vorgelegt werden. Das macht die Bescherung am 5. Dezember denn auch zu einer überaus langwierigen Angelegenheit. Jedes Gedicht muss laut vorgelesen und jedes Geschenk vor allen Zeugen ausgepackt werden. Zum Glück muss man sich für die Geschenke nicht hoch verschulden, denn es kommt weniger auf den Inhalt als auf die Verpackung an.

Marten hatte auf dem Esstisch schon Stapel alter Zeitungen sowie Krepppapier und Kleber bereitgelegt. Bei der Feier in der Schule musste er ein anderes Kind beschenken und dazu eine möglichst originelle Verpackung basteln, die auch noch zu den Hobbys des Kindes passen sollte. Die *surprise*. Und die musste vor allem groß sein.

»Wir machen ein Fußballstadion«, sagte Marten bestimmt.

Mir war klar, dass das ›Wir‹ nur eine höfliche Umschreibung dafür war, dass ich mich an die Arbeit machen sollte.

»Können wir nicht einfach etwas vom letzten Jahr nehmen?«, schlug ich vor. Auf seinem Regal stand bereits ein halbes Dutzend mühsam und sicher von anderen Eltern mit viel Liebe gebastelte Fußbälle aus Pappmaché und Computerbildschirme aus Schuhkartons. Alle meine Versuche, die angestaubten und zerbeulten Unikate zu entsorgen, waren auf erbitterten Widerstand gestoßen. Auch diesmal wieder.

Marten sah mich entgeistert an. »Dann ist es ja keine Überraschung mehr, und außerdem sind das meine *surprises*!«

Ich seufzte. Immerhin war es eine kreative Art, um das Altpapier loszuwerden.

»Ich dachte, wir bauen das Ajax-Stadion.«

Angestrengt überlegte ich, wie ich bis zum nächsten Morgen einen überdimensionalen Big Mac mit Schiebedach herstellen sollte.

»Wenn das nicht geht«, sagte er kompromissbereit, »dann nehmen wir eben die Allianz-Arena.«

Mir stockte der Atem. Klar, aus der Sicht einer gewöhnlichen Geschenkeverpackungsherstellerin wäre das eine simple Lösung gewesen. Eine ausgestopfte Strumpfhose, weiß angemalt, ein Pappdeckel drauf – fertig war das Bayernstadion. Nur, was zu weit geht, geht zu weit, zumindest für eine Bremerin.

Dass mein Sohn neben seiner Liebe für Ajax Amsterdam ausgerechnet Bayern München zu seinem Favoriten erklärt hatte, war schmerzlich. Darin unterschied er sich allerdings nicht so sehr von anderen Holländern, denn seitdem niederländische Profispieler und Trainer die Bundesliga und vor allem Bayern München entdeckt haben, sind jahrzehntelange Rivalitäten vergessen.

Wir einigten uns schließlich auf ein normales Fußballfeld mit Toren und Eckfahnen. Unter dem Krepppapierrasen sollte das Geschenk – zwei Kugelschreiber und ein Schlüsselanhänger – versteckt werden.

Der nächtliche Basteleinsatz sollte aber mein einziger Beitrag zum *Sinterklaas*-Fest sein. Der 5. Dezember, das hatte ich mir geschworen, musste ein ganz normaler Adventstag werden. Und den wollte ich gemeinsam mit meinen Freundinnen feiern und zwar mit Zimtsternen, Adventskranz und Glühwein.

Unser Anti-*Sinterklaas*-Fest sollte bei Astrid stattfinden, im Norden der Stadt. Für viele Amsterdamer ist diese Gegend so anrüchig, als stünden dort noch immer die Galgen, an denen einst die Reste der Übeltäter den Vögeln zum Fraß überlassen wurden. Dabei erinnern die hutzligen Häuschen aus rotem Backstein mit den hübschen Vorgärten in keiner Weise mehr an die gräulichen Szenen aus Rembrandts Zeiten.

Amsterdam-Noord aber bleibt für viele so fremd, als läge ein Ozean dazwischen. Dabei ist es nur das Ij, die Verbindung von Nordsee und Ijsselmeer. Das aber scheint unüberwindlich, obwohl eine Fähre ständig zwischen beiden Teilen der Stadt hin- und herpendelt und jeden in ein paar Minuten übersetzt, und das auch noch gratis.

Voll Vorfreude auf die kleine Kreuzfahrt radelte ich am Abend des 5. Dezember auf die behäbige Fähre. Es blies ein kräftiger Wind, und die Lichter des anderen Ufers kamen schnell näher. Die Fähre bahnte sich ihren Weg zwischen schweren Lastkähnen und hell erleuchteten Touristenbooten hindurch.

Es waren nur wenige Passagiere auf dem Außendeck, doch darunter entdeckte ich eine bekannte Gestalt, dick in einen Parka gehüllt: Ton. Ton war der Exfreund einer deutschen Bekannten. Wir hatten uns aus den Augen verloren, als sie nach der Trennung zurück ins Allgäu gegangen war. Sabine, so hieß die Freundin, hatte noch eine E-Mail geschickt und von den Bergen und dem Parkplatz direkt vor ihrer Haustür geschwärmt.

Ton war das, was man einen stattlichen Mann in den besten Jahren nennt. Alles an ihm war groß und kräftig, die grauen Haare reichten bis auf den Kragen der Jacke. Er kam auf mich zu.

»Was machst du denn hier, ausgerechnet heute? Musst du nicht mit Mann und Kind *Sinterklaas* feiern?«

Ich schüttelte den Kopf. »Ich bin wieder glücklicher Single.«

Ton zog neugierig die buschigen Augenbrauen hoch. »Du? Man lernt ja nie aus. Gehst du jetzt zurück nach Deutschland?«

Diese Frage hatte ich im Laufe der letzten Monate so oft gehört, dass sie mich nicht mehr aus der Fassung brachte.

»Ach, was soll ich da? Mir geht es hier doch bestens.«

»Das hört sich gut an. Gibt es dafür einen Grund? Hast du schon wieder einen Neuen in Aussicht?«

Ich zog meinen Schal fester um den Kopf.

»Ich genieße meine Freiheit.« Die Antwort musste reichen, fand ich. Und es stimmte ja auch. »Und wie ist das bei dir?«

Ton wiegte unschlüssig den Kopf hin und her. »Ich hab wieder jemanden. Im Prinzip.« Er sah mich mit diesem frechen Grinsen an, das damals schon Sabine auf die Palme gebracht hatte, weil es oft genug nicht ihr gegolten hatte. »Aber man muss das alles nicht so eng sehen. Nicht wahr?«

Die Fähre hatte inzwischen am anderen Ufer angelegt, und so kam ich um eine Antwort herum.

»Wollen wir vielleicht mal was trinken gehen?«, fragte Ton zum Abschied.

»Ja, vielleicht«, erwiderte ich, nickte ihm zu und radelte davon.

Astrid wohnte in einem dieser für Noord typischen kleinen Häuschen, die vor hundert Jahren für Familien mit sechs, sieben Kindern gebaut worden waren. Astrid weiß noch nicht einmal, wie sie in den Zimmern vom Ausmaß geräumiger Wandschränke ihre umfangreiche CD-Sammlung und die Legokisten ihrer Kinder unterbringen soll.

An der Haustür hing die große selbstgemalte Warnung: ›*Sint* – nein danke.‹

»Das nehm ich natürlich weg, bevor die Kinder von ihrem Vater zurückkommen«, sagte Astrid und legte meinen Mantel auf die schmale Treppe.

»Und, wie läuft's mit deinem Kees?«

»Nett«, antwortete ich. »Ein bisschen flirten. Mehr nicht. Das ist auch gut so. Ich muss doch nicht daran denken, dass da wieder einer im Sessel sitzt und fragt, wann das Essen fertig ist.«

Im Wohnzimmer hatten es sich Britta und Dieuwke bereits auf dem Sofa gemütlich gemacht, vor sich einen Glühwein. Die Kerzen brannten.

Ich legte meine Zimtsterne auf den Tisch.

»Bin ich froh, dass es morgen vorbei ist!«, sagte Britta und schenkte mir auch ein Glas ein. »Eigentlich ist *Sinterklaas* doch ein Rassist. Wo gibt es so etwas heutzutage noch? Diese albernen *Pieten*, und dann auch noch schwarz. Dumm, tollpatschig, so sehen die Holländer die Schwarzen eben.«

Britta gehört der Fraktion an, die die Helfer des *Sinterklaas* am liebsten grün und blau anmalen würde.

»Wir sind eben nicht so politisch korrekt wie ihr in Deutschland«, entgegnete Dieuwke.

Sie hatte sich in Berlin einen modischen Kurzhaarschnitt verpassen lassen und ihre Lippen knallrot angemalt. An ihren Ohren glitzerten rosa Mini-Weihnachtsbaumkugeln.

Dieuwke passte als holländische Exfrau wunderbar in unseren Club, vor allem an diesem Abend. Sie hatte mir mal gestanden, dass sie schon bei den ersten Tönen vom *Sinterklaas*-Tophit ›*Zie ginds komt de stoomboot*‹ (Sieh, da kommt das Dampfschiff) eine merkwürdige Allergie entwickelte.

»Ihr Deutschen hättet schon längst nicht nur *Zwarte*

Pieten, sondern auch schwarze Petras und würdet sie Jahresendfiguren mit kolonialem Hintergrund nennen.«

»Auf jeden Fall ist *Sinterklaas* ein Kolonialist«, erwiderte Britta bestimmt und zog an ihrer Zigarette. »Die *Zwarten Pieten* sind doch eigentlich Sklaven. Und was macht ihr Holländer daraus? Ein paar Sarotti-Mohren mit einer Feder am Hut, die mit *pepernoten* um sich werfen. Es ist das Einzige, was euch aus der glorreichen Kolonialzeit geblieben ist.«

»Du vergisst den *pindakaas*«, fuhr Astrid dazwischen. Sie mochte solche prinzipiellen Debatten über die Lasten der Vergangenheit nicht, und schon gar nicht an einem netten besinnlichen Frauenabend. Außerdem war sie ein erklärter Fan des kulinarischen Erbes der alten Kolonien und zog ein scharfes indonesisches Süppchen jeder Bratwurst vor.

Doch Britta war in Fahrt und ließ sich nicht so einfach abwürgen.

»Wisst ihr, was mich maßlos aufregt?« Sie nahm eine Olive und sah uns kämpferisch an. »Das alte Machogehabe von *Sinterklaas*. Er tritt auf wie ein Herrscher, sitzt oben auf seinem Pferd und schaut auf alle herab.«

Daraus sprach allerdings auch ihr großer Kummer, dass sie sowieso zu fast jedem aufschauen und sich in diesem Land bei jedem Begrüßungsküsschen auf die Zehenspitzen stellen musste. Das aber lag nun wahrlich einzig und allein an ihren 1 Meter 60.

»*Sinterklaas* ist aber kein holländischer Mann«, konterte Astrid. »Er ist Spanier, und noch dazu katholisch.«

Wir nickten. Kein holländischer Mann hätte sich ein solches Auftreten erlauben dürfen. Nur *Sinterklaas* eben, und das, obwohl er ein katholischer Bischof war.

Sogar die frömmsten Calvinisten, die sonntags dreimal in die Kirche gehen, lassen sich das nicht nur gefallen, sondern dichten sich auch die Finger wund, obwohl sie sonst schon beim Anblick eines Madonnenbildes die Invasion der Papisten fürchten.

»Wisst ihr eigentlich schon, was ihr Weihnachten kocht?«, fragte Dieuwke, offenbar um einen Themenwechsel bemüht.

Wir sahen sie entgeistert an. Das war das nächste Großereignis, das uns bevorstand, und zumindest ich war mir nicht sicher, ob ich jetzt schon daran denken wollte.

Kaum ist *Sinterklaas* nämlich wieder ins warme Spanien entschwunden, ist man gehalten, sich ernsthaft mit dem Weihnachtsmenü zu befassen. Dann verschwinden die Reimbücher im Schrank und werden die Kochbücher hervorgeholt und massenweise Frauenzeitschriften mit Rezeptbeilagen gekauft.

Jede von uns hatte ein Familiengericht, das es alle Jahre wieder gab. Ich zum Beispiel hatte ›Gans mit Rotkohl‹ gesagt, als mir Hetty zum ersten Mal die Weihnachtsfrage stellte. Für Holländer wäre das aber viel zu mager.

Hetty hatte mich damals entgeistert angesehen. »Ist das alles? Was ist mit Vorspeisen, Häppchen, Fisch, Zwischengang, Dessert?«

So ein holländisches Weihnachtsessen muss mindestens sechs Gänge haben und vor allem aus den allerkompliziertesten Gerichten bestehen, am liebsten aus der hohen französischen Küche. Es war mir schleierhaft, wie Hetty das in ihrer Schlauchküche zubereiten konnte.

Auf einmal zweifelte ich daran, dass Dieuwke auch dieser holländischen Sitte abgeschworen hatte. Doch die Befürchtung war unbegründet.

»Bei mir gibt's Erbsensuppe«, sagte sie, »aus der Dose.«

»Im Dezember sieht man es jedenfalls mal wieder: Deutsche und Holländer passen einfach nicht zusammen«, sagte Britta. Sie war nach nächtlichen Basteleinsätzen und tagelangen Reimhilfen für ihre Kinder deutlich gestresst. Der Themenwechsel war misslungen.

»Das denke ich manchmal auch«, meinte Dieuwke.

Ihr deutscher Freund hatte am Vorabend die Grundsatzfrage gestellt.

»Ich verstehe das nicht. Es lief alles so gut, und auf einmal kommt er mit Problemen.«

Wir sahen sie fragend an.

»Er wollte über unsere Beziehung reden.« Dieuwke versuchte stümperhaft eine Zigarette anzuzünden. Nur in Krisensituationen greift sie zu einem Glimmstengel, und die sind in ihrem Leben äußerst selten.

»Mach dir keine Sorgen, das ist ganz normal«, sagte ich aufmunternd. »Eigentlich ist das ein Liebesbeweis. Wenn dir ein deutscher Mann ausführlich erklärt, was die Beziehung für ihn bedeutet und wo Probleme liegen könnten, dann wird es ernst. Deutsche Männer lieben das.«

Dieuwke sah mich zweifelnd an.

»Aha«, meinte sie, und es war ihr deutlich anzusehen, dass sie gar nichts mehr verstand.

»Für euch Holländer muss eben alles *lekker makkelijk* sein, sogar die Liebe. Bei uns ist das andersherum«, erklärte Britta. »Immer wenn ich bei meinem Ex ein Problem angesprochen habe, warf er mir vor, ich sei ungesellig. Und Ungeselligkeit ist eben genauso erotisch wie ein Heißwasserboiler.«

»Du musst das so sehen«, fuhr Astrid dazwischen, »wenn Romeo und Julia aus dem Polder gekommen wären, dann wären sie einfach achselzuckend vor ihre jeweilige Sippe getreten und hätten gesagt: Leute, *moet kunnen*.«

Dieuwke war vollends verwirrt.

»Bist du dir denn sicher, dass du was mit einem deutschen Mann haben willst?«, fragte Astrid zögernd.

Sie selbst hatte jedenfalls beschlossen, dass auch ihr nächster Mann ein Holländer sein sollte. Und es gab bereits einen Kandidaten, wie sie uns geheimnisvoll andeutete.

»Wenn das mal gut geht«, sagte ich und berichtete, was ich in den Papieren von *meneer* van Dijk vom Planungsamt gelesen hatte. Das hatte mich sehr beunruhigt. Solche binationalen Beziehungen gingen nämlich eher in die Brüche als rein holländische.

Wir schwiegen eine Weile.

»Quatsch«, meinte Astrid schließlich. »Jetzt wissen wir ja, wie sie ticken. Außerdem sind holländische Männer unkomplizierter als deutsche. Praktischer.« Nach einer kurzen Pause fügte sie hinzu: »Wie die Hema.«

Wir sahen sie verblüfft an. Einen Mann mit einem Kaufhaus zu vergleichen, darauf konnte auch nur Astrid kommen.

»Nur nicht zur Weihnachtszeit«, meinte Britta noch, doch das hörten wir im allgemeinen Gelächter kaum noch.

Kapitel 12

Den holländischen Mann mit einem Kaufhaus zu vergleichen war natürlich schon sehr gewagt. Nun ist die Hema aber nicht irgendein Kaufhaus, sondern genauso typisch für dieses Land wie die Pubs für England. Keiner kann hierzulande ohne die *Hollandsche Eenheidsprijzen Maatschappij*, kurz die *Hema*, leben. Das liegt sicher nicht daran, dass hier noch immer alles zu den Einheitspreisen von 10, 25 und 50 Cent zu haben wäre wie bei der Gründung vor 85 Jahren. Aber hier kriegt man eben alles, was man braucht, um Holländer zu sein. Vom Strampelhöschen bis zur Sterbeversicherung. Und dann auch noch genau so, wie es der Holländer liebt: mit klaren Formen, deutlichen Farben, nützlich, und vor allem nicht teuer.

Da so ungefähr jeder dort einkauft, kann man schon am Sortiment wunderbar sehen, was ein Holländer so alles im Hause hat. Er trinkt seinen Kaffee aus einer bunten Hema-Tasse, schabt seinen Gouda mit dem Hema-Käsehobel und trägt natürlich Hema-Unterwäsche. Eine Frau, die sich mit einem holländischen Mann einlässt, wird zumindest auf Lingeriegebiet nie eine Überraschung erleben, denn über kurz oder lang wird sie einer Hema-Unterhose begegnen. Was übrigens kein Anlass zur Sorge ist. Denn dabei handelt es sich weder um extravagante Tangas mit Tigermuster noch schlappe Liebestöter, sondern um sportliche Schlüpfer ohne jeden Schnickschnack.

Wenn man Männer mit Unterhosen umschreiben würde, dann wäre der Amerikaner lässige Boxershorts und der Holländer eine Hema-Unterhose: praktisch, zuverlässig und sicherlich nicht unschön. Wenn man es so betrachtete, dann hatte Astrid absolut recht gehabt mit ihrem Vergleich.

Daran dachte ich, als ich das Kaufhaus einige Wochen später betrat. Eigentlich brauchte ich gar nichts, aber es war Ausverkauf, und für ein richtiges Schnäppchen bin ich immer zu haben. Außerdem tat mir in diesen grauen Januartagen etwas Aufmunterung ganz gut.

Wenn ich schon mal hier bin, kann ich auch gleich eine Brotbackmaschine kaufen, dachte ich. Von dem holländischen Schlabberbrot hatte ich inzwischen mehr als genug.

Auf dem Regal standen Toaster, Bügeleisen und Mixer, nur kein Brotbackapparat. Eigentlich hätte ich es mir ja denken können, schließlich bekommt man bei der Hema nur das, was man zum Holländersein braucht. Und frischgebackenes Brot gehört eindeutig nicht dazu.

Mein Blick fiel auf das silberne Gerät neben der Kaffeemaschine. Eine Fritteuse. 30 Euro – nicht gerade ein hoher Preis, um die eigenen Prinzipien über Bord zu werfen. Außerdem hatte Marten vor ein paar Wochen während des Weihnachtsessens bei seinen deutschen Großeltern von Hettys Fritten und *bitterballen* geschwärmt und mich dabei so vorwurfsvoll angesehen, als würde ich ihm nur Grünkernbratlinge mit Sprossen vorsetzen. Ich zögerte.

»Du wirst doch nicht etwa deinen Prinzipien untreu?«, fragte auf einmal jemand hinter mir.

Ich drehte mich um. Hetty stand vor mir.

»Wenn das so weitergeht, wird aus dir noch eine richtige Holländerin.«

Das war durchaus ein großes Kompliment, doch ich fühlte die Wärme in meinem Gesicht aufsteigen.

»Ich hab mich nur mal umgeguckt.«

Hetty hatte ein paar Handtücher und Strumpfhosen in ihrem Korb. Einmal im Jahr schickte sie eine Art Carepaket an ihre Verwandten, die nach Kanada ausgewandert waren. Das war zwar schon 60 Jahre her, aber sie vermissten die Hema immer noch schmerzlich, und auch die Fertigmischungen für die indonesische Reistafel, hatte sie mir mal erzählt.

»Kaufst du jetzt gleich die Fritteuse, oder wollen wir einen Kaffee trinken gehen?«, fragte sie.

Das war ein verlockendes Angebot. Kaffeetrinken bei der Hema hieß nämlich traditionell auch *tompouce*. Dieser Cremeschnitte mit der knallrosa glasierten Krokantdecke konnte ich einfach nicht widerstehen, selbst wenn ich noch 20 heruntergesetzte Unterhosen hätte kaufen wollen.

»Was meinst du«, fragte ich meine Freundin, als wir unseren Kaffee und *tompouce* vor uns hatten, »geht Maxima eigentlich auch zur Hema?«

Die königliche Familie konnte diese kulturelle Institution ja schließlich nicht einfach ignorieren, und außerdem schien mir Willem-Alexander der richtige Typ für eine praktische Hema-Unterhose zu sein, so gediegen, wie er war.

»Quatsch«, meinte sie, »Maxima geht nur zu Prada.«

Ich stellte mir vor, wie aus der Jeans des Kronprinzen der modisch breite Rand einer Designer-Herrenunterhose herauslugen würde.

»Aber irgendwie passt das nicht: Willem-Alexander in einem Prada-Slip? Eigentlich ist es doch schade, dass es hier keine Paparazzi wie in England gibt, die in den

Schränken der Royals schnüffeln. Die Wahrheit werden wir also nie erfahren. Die Wäsche fällt ja sicher auch unter das Palastgeheimnis.«

»Trotzdem, Maxima ist kein Hema-Typ«, meinte Hetty entschieden, und das war absolut kein Kompliment. »Natürlich hat sie Hema-Sachen zu Hause, den Teekessel zum Beispiel oder die Tassen. Die haben alle. Was anderes könnte sie sich in ihrer Position auch gar nicht erlauben. Aber ein Hema-Typ ist sie nicht.«

Hetty hatte recht. Ein Hema-Typ ist jemand, der sich auch bei den unausweichlichen Dingen des Lebens wie Radfahren, Abwaschen und Regen mit formschönen, praktischen Dingen umgibt und sein häusliches Wohnzimmer gerne mit Kissen und Kerzenständern noch geselliger macht. Für einen Holländer ist dabei der Gang zur Hema so selbstverständlich wie die saure Gurke auf einem Hamburger. Die Prinzessin aber hatte einmal offen an der Einzigartigkeit der niederländischen Identität gezweifelt, und das hatte ziemliche Kratzer auf ihrem sonst so makellosen Image hinterlassen. So etwas wurde einem Ausländer nicht so schnell verziehen, und Hetty war da keine Ausnahme.

»Vielleicht ist Willem-Alexander ja auch gar kein echter holländischer Mann«, sagte ich.

Hetty sah mich über ihre Brille hinweg streng an.

»Natürlich ist er typisch holländisch, genau wie Jan, nur ein bisschen reicher.«

»Als echter Holländer«, meinte ich, »wird er wahrscheinlich doch ab und zu heimlich einen Abstecher hierher machen, um eine *rookworst* zu essen.«

Hetty sah mich erstaunt an.

»Na ja, ich habe noch keinen holländischen Mann getroffen, der nicht verrückt nach der Hema-*rookworst* war«, erklärte ich. »Jan zum Beispiel, oder der Friese. Wenn er überhaupt mal mit zum Shoppen kam, dann nur, wenn er sich hinterher mit so einer Wurst belohnen durfte. Die Hema-*rookworst* gehört doch zum kulturellen Erbgut wie die *klompen* und die Mühlen.«

Ich schüttelte mich leicht. Für mich würde diese fette Kohlwurst nie eine seriöse Alternative zu einer deutschen Bockwurst sein. Aber es war doch schwer vorstellbar, dass der Kronprinz ihr abgeschworen hatte, nur weil er jetzt mit einer Argentinierin verheiratet war.

Unwillkürlich sahen wir beide zum Wursttresen, als müsste dort plötzlich der Kronprinz zwischen all den Kunden auftauchen, vermummt mit einem Schlapphut.

»Der bräuchte noch nicht einmal eine getönte Brille«, meinte Hetty. »Er fällt doch gar nicht auf, wenn nicht gerade ein paar Bodyguards oder Kameras um ihn herum stehen.«

»Was findet so ein heißer Feger wie Maxima bloß an dem?«, fragte ich. »Er ist doch eigentlich ziemlich langweilig und hat einen Bauch.«

Wieder traf mich ein strenger Blick. Irgendwie kommen meine Männerbemerkungen bei Hetty immer falsch an.

»Ich will doch nur wissen, warum wir deutsche Frauen auf holländische Typen fliegen. Das ist ein Phänomen.«

Nun war sie doch erstaunt. »Ihr Deutschen seid da nun wirklich keine Ausnahme. Wir wollen sie ja schließlich auch. Sieh mich an. Ich habe auch einen. Sie sind zuverlässig und ehrlich.«

»Das klingt wie eine Autoreklame!«

»Und wenn schon, du bist mit deinem ja auch nicht schlecht gefahren, zumindest lange Zeit«, meinte Hetty.

Da war etwas dran. Nur war der Kontrast zwischen einer leidenschaftlichen Südamerikanerin und einem Holländer doch wohl größer als bei mir, einer Norddeutschen. Ich gehörte ja schon fast zur Familie.

»Maxima hätte ja auch einen feurigen Argentinier nehmen können«, erwiderte ich, »der ihr in der Pampa hoch zu Ross und unter sternenklarem Himmel heiße Liebesschwüre macht. Stattdessen sitzt sie nun in einem etwas zu groß geratenen Landhaus in einem Vorort von Den Haag und trinkt Tee aus ihrer Hema-Tasse.«

»Du hast zu viele von diesen deutschen Schnulzen im Fernsehen gesehen.« Hetty kannte meine Rosamunde-Pilcher-Schwäche zur Genüge.

»Diese Südländer sind doch typische Machos. Alles nur Fassade. Wenn es drauf ankommt, könntest du dich nie auf so einen verlassen. Oder glaubst du etwa, dass die nur einen Finger im Haushalt krumm machen?«

Hetty hatte sich noch nie nach einem exotischen Exemplar der Gattung Mann umgeschaut. Auch in der Liebe hielt sie es eher pragmatisch, und große Gefühlsausbrüche waren ihr sowieso suspekt.

Die darf man von einem Holländer auch nicht erwarten. Wenn die Musikwelt auf Holländer angewiesen gewesen wäre, hätte es nie eine ›Passionata‹ und schon gar keine ›Carmen‹ gegeben. Das Höchste, das ein Niederländer nach einer heißen Liebesnacht von sich gibt, ist: ›Du bist lieb.‹ Als wäre die Angebetete ein Hamster.

»Irgendwie hatte Voltaire schon recht«, sagte ich. »Es gibt eben keine Leidenschaft und Romantik in diesem Land. Und das hat er schon im 18. Jahrhundert gesagt.«

Hetty dachte nach. So einem Denker, noch dazu einem aus dem Land der Liebe, konnte sie nur schwer widersprechen.

»Wir haben es eben gerne überschaubar«, meinte sie dann.

»Ja, ja.« Ich konnte mir eine weitere kleine Stichelei nicht verkneifen. »Gefühlsmäßig haltet ihr es eben gerne so, wie euer Land aussieht: übersichtlich und ohne große Erhebungen.«

Hetty ließ sich nicht provozieren.

»Voltaire hat auch einmal gesagt, dass holländische Frauen und Männer einander echt zu lieben scheinen. Und das musste er wissen. Er hat hier nämlich eine Weile gewohnt.« Sie kratzte die letzten Reste von ihrem *tompouce* vom Teller. »Wir mögen nun mal keine großen Überraschungen. Wir sind ein nüchternes Volk.«

Holländer sind nicht nur sehr davon überzeugt, dass sie nüchterne Kaufleute sind, sie sind sogar stolz darauf. Und es trifft sicherlich zu, wenn sie Geschäfte machen. Doch sobald es um völkerverbindende Emotionen geht, sind sie nicht zu halten. Da sind sie zu einer Ausgelassenheit fähig, der gegenüber der Karneval an der Copacabana dem Teekränzchen meiner Großmutter ähnelt.

Ich musste an die Volkstrauer für den Amsterdamer Volkssänger André Hazes denken. Mitten in der Ajax-Arena hatte man ihn aufgebahrt. Das war natürlich sehr ergreifend. Zehntausende ließen im Stadion ihren Tränen freien Lauf, und noch einmal gut sechs Millionen live vor den Bildschirmen, obwohl manche davon den dicklichen Mann mit den schwarzen öligen Locken bisher eher als Schnulzensänger mit Alkoholproblem abgeschrieben hatten.

Aber auch in geschäftlichen Dingen bewahren die Holländer nicht immer einen kühlen Kopf; wahrscheinlich haben sie sogar den Hype erfunden, wenn man bedenkt, dass sie schon vor 400 Jahren massenhaft wie gierige

Wallstreet-Banker ihr Geld in Tulpenzwiebeln angelegt hatten. Die Preise stiegen ins Unermessliche, obwohl die Zwiebeln noch nicht einmal eingepflanzt waren. Natürlich brach der Handel zusammen wie ein Soufflé, das zu früh aus dem Ofen kommt.

Aber mit der Abneigung gegenüber Überraschungen hatte Hetty recht.

»Vielleicht ist das ja auch das Geheimnis der Hema«, überlegte ich. »Es ist alles so beruhigend normal.«

»Genau.« Hetty nickte. »Wir greifen am liebsten zu dem, was wir kennen und was sich bewährt hat. Darum haben wir alle dieselben Küchentücher und Teekessel. Du ja schließlich auch. *Doe maar gewoon, dan doe je al gek genoeg*«, zitierte sie noch das bekannteste Sprichwort des Landes: Sei normal, dann bist du schon verrückt genug. »Wir mögen es auch gar nicht, wenn jemand aus der Reihe tanzt. Sieh dich doch mal um.«

All die shoppenden Frauen trugen bequeme Jeans, die unvermeidlichen Kapuzenpullis und Stiefel.

»Keiner will irgendwie auffallen. Hauptsache, es ist bequem. *Lekker makkelijk*.«

Das allerdings sagte Hetty nun doch mit leichter Missbilligung. Sie war schließlich immer nach der neuesten Mode gekleidet.

»Heinrich Heine soll ja mal gesagt haben: ›Wenn die Welt vergeht, geh ich nach Holland, da passiert alles 50 Jahre später‹«, meinte ich.

Hetty runzelte die Stirn. Wahrscheinlich, weil ich es wieder mal nicht lassen konnte, mich als deutsche Bildungsbürgerin zu profilieren. Holländer verlassen sich lieber auf ihre eigene Meinung und zitieren höchstens mal die einzige Autorität, die jeder anerkennt: Johan Cruijff.

»In vielen Dingen sind wir aber Trendsetter für die ganze Welt«, protestierte Hetty. »Die *koffieshops* zum Beispiel oder die Homoehe. Da waren wir die ersten!«

Sie hatte recht. Immer wenn es um das Zusammenleben geht, dann probieren Holländer schnell und gerne etwas Neues aus. Darin sind sie Weltspitze.

»Eigentlich«, meinte Hetty, »sind wir sogar die Erfinder des modernen Kapitalismus. Wir haben die erste Aktiengesellschaft gegründet. Die Kaufleute aus unserem kleinen morastigen Land tricksten mit ihrer Vereinigten Ostindischen Compagnie die Herrscher der Weltmeere aus. Sogar die Engländer.«

Ich kannte die Geschichte der VOC, deren Gründung den Beginn des goldenen Zeitalters einläutete. Als sich in Europa die Fürsten im Kampf um Macht und ein paar Ländereien noch gegenseitig abmurksten und ihr halbes Volk gleich mit, hatten ein paar Amsterdamer Kaufleute mit dem Rechenschieber ausgerechnet, dass Zusammenarbeit Kosten sparte und Risiken verringerte.

»Gemeinsam sind wir eben stärker«, meinte Hetty, »zumal in einem kleinen Land. Und dazu gehört eben auch, dass keiner aus der Reihe tanzt.«

»Und dass alle ihren Kaffee aus derselben Hema-Tasse trinken«, fügte ich hinzu.

»Vielleicht machen andere die spektakulären Erfindungen, aber wir vermarkten sie«, trumpfte Hetty auf. »Die Glühbirne zum Beispiel. Wusstest du, dass wir sie als erste in der Straßenbeleuchtung eingesetzt haben? Und jetzt haben wir Philips. Oder die Tulpe. Die kam zufällig aus der Türkei nach Leiden, und wir haben einen Riesenhandel aufgezogen. Außerdem sind wir Weltspitze im Design. Dutch Design. Da kann uns so schnell keiner was vormachen.«

Zum Beweis zog sie eine Tulpenvase aus ihrer Plastiktüte: schlicht, weiß und preisgekrönt.

Ich hätte nun wieder Goethe zitieren können, der einmal gelästert hat, man müsse schon ›ein Holländer sein, um mit einer Tulpe zu sympathisieren‹. Aber selbst Goethe ist eben nicht immer gut.

Es ist wie mit den Schweden, dachte ich, die haben das Regal auch nicht erfunden, und doch hat heute jeder ein Billy im Wohnzimmer.

»Und nun?«, fragte Hetty, als wir zum Ausgang gingen. »Kaufst du jetzt die Fritteuse oder nicht? Die ist im Angebot.«

Sie sah mich erwartungsvoll und mit einem leicht spöttischen Grinsen an. Aber das konnte auch nur Einbildung sein.

Ich schüttelte den Kopf.

»Es reicht ja, dass ihr eine habt.«

Kapitel 13

An der fehlenden Fritteuse liegt es im Übrigen nicht, dass ich nicht als waschechte Holländerin durchgehen kann. Ich führe nach hiesigen Maßstäben noch nicht einmal ein gewöhnliches holländisches Leben, auch wenn ich *bitterballen* und die Hema noch so sehr liebe. Das hat mehrere Gründe. Einer davon ist mein Arbeitsplatz.

Das Rotlichtviertel, die Wallen, fällt nämlich sicher nicht unter das Prinzip ›*Doe maar gewoon*‹, sei normal. Selbst im angeblich so lockeren Amsterdam kenne ich genügend Menschen, die diese Umgebung zumindest als bedenklich empfinden. Hetty etwa verabredet sich hier nur ungern mit mir. Auch deutsche Besucher schnappen nach Luft, wenn sie mich besuchen. Und das liegt nicht an den drei Treppen, die sie erklimmen müssen.

Von meinem Schreibtisch aus blicke ich direkt auf den Sexclub Casa Rosso, der, wie man hört, hochakrobatischen Übungen einen gewissen Weltruhm verdankt. Diese Aussicht verleitet mich in besinnlichen Momenten durchaus zu tiefgründigen Betrachtungen über Schein und Sein.

Für den ahnungslosen Passanten scheint es sich nämlich um ein gewaltiges Gebäude zu handeln. Auf drei Etagen, so meint man, gibt es Ungewöhnliches und Erregendes zu erleben. Das aber ist alles eine Frage der Perspektive: aus meinem Fenster sehe ich nämlich die riesige Attrappe vor dem Giebel, die mindestens zwei Stockwerke umfasst. Dahinter verbirgt sich nichts als eine blitzende Luftreinigungsanlage, die jedes Jahr größer wird. Was wiederum meine Phantasie im Hinblick auf das beflügelt, was dort unten in dem kleinen Schuppen geschieht. Es muss jedenfalls sehr schweißtreibend sein.

Genaueres weiß ich nicht, denn ich habe noch nie einen Blick in dieses Etablissement geworfen. Doch an diesem Tag sollte ich endlich die Gelegenheit haben, wenigstens einmal hinter die roten Vorhänge zu schauen, die die Tätigkeit der Damen in den Fenstern verschleiern.

Kees hatte mir den Tipp gegeben, dass es im Rotlichtviertel eine Premiere geben würde. Meine Heimatredaktion in Köln betrachtete das sogar als kleine Sensation und wollte diese Geschichte so schnell wie möglich haben.

Einen Steinwurf von meinem Arbeitsplatz entfernt sollte das Bordell der Zukunft präsentiert werden. Streng nach den Regeln der Arbeitsschutzbehörde ausgestattet und von einem international bekannten Designer gestylt. Das Bedürfnis der Holländer, das ganze Land vom Industriegebiet bis hin zum Käsehobel einheitlich zu gestalten, kennt eben keine Grenzen. Bisher allerdings war das Sexgewerbe davon verschont geblieben.

Das Glockenspiel der nahegelegenen Alten Kirche spielte ›Üb immer Treu und Redlichkeit‹, als ich die enge Gasse betrat. Dort stand eine Gruppe Männer. An sich ist das ja nichts Besonderes in diesem Teil der Stadt. Nur schauten diese Herren nicht etwa auf eine verführerische halbnackte Frau, sondern andächtig auf ein leeres Fenster. Bis auf einen mit weißem Kunstfell bespannten Barhocker schien dort wenig zu sehen zu sein.

Einer der Männer war *meneer* Boere, diesmal ohne seine beiden Hunde. Als ich näher kam, erkannte ich, dass er mit Kees in ein angeregtes Gespräch verstrickt war. Die beiden kannten sich offenbar.

Sonst begrüßte mich Kees immer mit einem einzigen Kuss auf den Mund, als Zeichen, dass wir nicht einfach nur gute Bekannte waren. Heute aber gönnte er mir nur drei distanzierte Wangenhaucher.

Wir sind ja schließlich nicht privat hier, schien mir sein bedauernder Blick zu erklären.

»Das ist es, das Bordell der Zukunft!« Kees wies auf das leere Fenster. »Wir haben es gemeinsam mit der Branche entwickelt.«

»Kommt die Prostitution denn in Zukunft ohne Huren aus?«, fragte ich verwirrt.

»Nein, es geht natürlich um die Einrichtung und das Design«, erklärte er und betrachte das Ergebnis mit einer gewissen Befriedigung.

Meneer Boere aber schaute ein wenig skeptisch auf das durchgestylte Hurenkabuff. Eine ganz in unschuldigem Weiß gehaltene Auslage, die nun in dezent rosa Licht gehüllt war. Es hätte sich auch um eine neue Dekoration von Tiffany handeln können, es fehlten nur noch ein paar elegante Diamantohrringe.

»Hier fühlt sich doch keiner wohl, das schreckt doch jeden Kunden ab.« *Meneer* Boere sah missmutig auf die organisch geschwungenen Kunststoffwände, die den Blick auf einen halbrunden Diwan freigaben.

»Man kann die Stimmung je nach Wunsch des Kunden verändern«, mischte sich eine Frau ein, die gerade dazugekommen war. Es war die Pressesprecherin der Hurengewerkschaft, die ich schon bei einer früheren Gelegenheit kennengelernt hatte. Inzwischen hatte sie sich verändert, stellte ich fasziniert fest. Der Mund der ehemaligen Madam war deutlich schmolliger.

Sie drückte auf ein paar Knöpfe. Auf den Wänden flimmerte nun ein weißer Strand mit Palmen unter einem strahlend blauen Himmel. Sie drückte noch ein paarmal, offensichtlich ganz begeistert von den unglaublichen Möglichkeiten der Technik.

Nun aalte sich ein halbes Dutzend nackter Frauen – es war gar nicht so leicht, sie zu zählen – mit einem schwarzen Mann in einem Jacuzzi. Da ging es zur Sache, so viel war deutlich.

»Ich glaube, das reicht«, sagte Kees mit einem verlegenen Seitenblick auf mich.

Ich meinte sogar einen leichten Anflug von Röte auf seinen Wangen zu erkennen. Aber diese Rücksichtnahme war nun wirklich übertrieben. Wer so wie ich täglich an den Auslagen der Sexshops vorbeigeht, blickt bei einer kleinen Videoinstallation nicht unbedingt schamhaft zur Seite.

Amsterdam wollte sein Image aufpolieren und nicht länger als Weltmetropole von Sex und Drogen gelten, erläuterte Kees nun. »Es muss alles ein bisschen ordentlicher werden, ansprechender. Vor allem hier.«

Meneer Boere lachte trocken. »Ja, ja, ihr wollt uns loswerden. Das ist es doch!«

Die Liebe zwischen den Damen und Herren des leichten Gewerbes und den Ordnungshütern war noch nie sehr groß gewesen. Doch nun hatten sich die Fronten verhärtet.

»Die Stadt hat schon die Hälfte der Häuser gekauft und an Modedesigner vermietet. Klaas' Tattoo-Laden steht auch auf der Abschussliste. Und die *koffieshops* wollt ihr sowieso am liebsten dichtmachen.«

»Die Stadt will das sicher nicht«, beschwichtigte Kees. »Das will die Regierung in Den Haag.«

»Hunderte von Jahren«, *meneer* Boere wandte sich jetzt zu mir, »haben die Wallen standgehalten, all diesen Pfarrern und Moralaposteln zum Trotz. Und davon gibt es viele, kann ich dir sagen. Aber jetzt wollen sie das Viertel stylen.«

Er sprach das ›stylen‹ mit voller Verachtung aus, als handele es sich um eine äußerst verwerfliche Tat.

»Jetzt sind Klamotten in den Fenstern, aber keine Frauen. Das schadet dem Geschäft«, mischte sich die Pressesprecherin ein. »Welcher normale Freier kommt noch hierher, wenn lauter Modetouristen rumlaufen?«

»Immer mit der Ruhe, keiner will euch hier weghaben«, meinte Kees mit voller Überzeugung. Die Sündenmeile gehörte ebenso zu seinem Aufgabengebiet wie der mangelnde Service der hauptstädtischen Gastronomie. »Die Wallen sind schließlich eine ebenso große Touristenattraktion wie Rembrandts ›Nachtwache‹. Von dem Geschäft hier«, er machte eine Handbewegung, die das ganze Viertel umfassen sollte, »leben wir doch alle. Wir wären schön blöd, das Huhn, das goldene Eier legt, zu schlachten. Im Gegenteil: Wir müssen die Wallen aufwerten!«, sagte er voller Elan.

Meneer Boere und die Sprecherin der Hurengewerkschaft nickten zögernd. Welcher Geschäftsmann konnte schon dem Plan widerstehen, neue Kundenkreise zu erschließen? Und ein ansprechendes modernes Design war immerhin ein erster Schritt.

Das Bordell der Zukunft war ein typisches Beispiel für die altbewährte holländische Methode, entgegengesetzte Interessen miteinander in Einklang zu bringen.

»Alle haben ihre Ideen eingebracht«, sagte Kees zufrieden, »die Damen, die Kunden und auch die Arbeitgeber.«

Vom *poldern* blieb eben auch das horizontale Gewerbe nicht verschont.

Zumindest der Vertreterin der Huren gefiel das Hightechbordell sehr, sie fummelte immer noch an den Knöpfen des Displays herum.

»Außerdem«, so versicherte sie mit einem hämischen Seitenblick auf *meneer* Boere, »werden so auch die Arbeitsbedingungen der Frauen entschieden verbessert. Das ist doch mal was anderes als deine Kabuffs mit den braunen Fliesen. Hier ist es eine Lust, zu arbeiten.«

Auf einmal entdeckte ich am Rande der Gruppe die massige Gestalt von Ton. Er strahlte eine beneidenswerte Gelassenheit aus. Bloß keinen Stress, schien er immer zu sagen. Die Hände in den Taschen seiner Jeans, die Sonnenbrille halb auf die Stirn geschoben, betrachtete er prüfend das Bordell der Zukunft. Seine Lederjacke trug er bei diesen frühlingshaften Temperaturen offen. Er war um die Mitte voller geworden, sah ich.

»Willst du jetzt die Branche wechseln?«, fragte ich ihn, als wir uns begrüßt hatten. »Bringt das Produzieren von Fernsehsendungen nicht mehr genug ein?«

Ton schüttelte den Kopf. »Wir suchen einen Drehort für eine neue Show.«

Dass er den ausgerechnet bei den Damen des leichten Gewerbes suchte, wunderte mich nicht. Schließlich war Sex auch im Fernsehen sehr lukrativ.

»Was wird das denn für eine Show? ›Big Brother‹ auf den Wallen?«, fragte ich.

Überrascht hätte es mich gar nicht, schließlich waren es die Holländer gewesen, die als erste eine Gruppe hoffnungsvoller junger Menschen in einen Container gesperrt, rund um die Uhr mit Kameras überwacht und damit Milliarden verdient hatten.

»Das vielleicht nicht gerade. Aber es stimmt schon, wenn es um bahnbrechendes Fernsehen geht, haben wir immer die Nase vorn«, sagte Ton mit dem ganzen Stolz des erfolgreichen Geschäftsmannes.

»Du meinst wohl eher tabubrechend.«

»Bei uns geht eben mehr als anderswo.« Er grinste. »Wenn eine Show bei uns funktioniert, dann wird sie in die ganze Welt verkauft. Auch nach Deutschland. Und wir finden, dass man alle Karten offen auf den Tisch legen muss.«

Da hatte er ja eigentlich recht. Holländer sind eben der Ansicht, dass es für jedes Problem auch eine Lösung gibt. Auf diese Weise hatten sie auch als erstes Land der Welt die aktive Sterbehilfe und das Recht für Homosexuelle, zu heiraten und Kinder zu adoptieren, geregelt. Und das, obwohl so ungefähr alle über sie hergefallen waren.

Meneer Boere nickte zustimmend. »Wir haben es nicht so mit Tabus. Das gilt nicht nur fürs Fernsehen. Das Gewerbe hier«, er wies auf die roterleuchteten Fenster um uns herum, »das ist doch nur ein ganz normales Business. Warum also nicht auch ›Big Brother‹?«

Kees verzog verzweifelt sein Gesicht, doch Ton winkte ab.

»›Big Brother‹ ist total out. Zur Zeit läuft nur Holland. Altmodisch geselliges Familienfernsehen. Aber Mühlen, *klompen* und Tulpen – das hatten wir alles schon. Wir brauchen mal was anderes, was Neues.«

Da lag er mit dem Rotlichtviertel ja goldrichtig, typischer ging es eigentlich gar nicht. Wo sonst auf der Welt findet das Gewerbe schon so offen in Schaufenstern statt und noch dazu mitten in einem Weltkulturerbe der UNESCO?

»Sex ist ja wohl nicht typisch holländisch«, mischte Kees sich ein und sah immer noch sehr besorgt aus. So eine TV-Show passte gar nicht in die mühsame PR-Kampagne.

»Zum Glück nicht«, meinte *meneer* Boere trocken. »Sonst könnten wir hier alles dichtmachen.«

»Trotzdem muss man nicht der ganzen Welt Holland als Paradies für Sex und Drogen präsentieren«, sagte Kees. »Als ob wir ein völlig unmoralisches Volk wären.«

»Nee«, sagte Ton trocken. »Das sind wir ja nun wahrlich nicht. Im Gegenteil.« Er wandte sich zu mir. »Kannst du dir vorstellen, dass sich eure Bundeskanzlerin vor alle Kameras stellt, zutiefst erschüttert, nur weil einem Schlagersänger Hörner aufgesetzt wurden?«

Alle grinsten. Die Affäre hatte das ganze Land wochenlang erschüttert. Die Verlobte eines gläubigen Volkssängers war in inniger Umarmung mit einem Profifußballer erwischt worden. Noch dazu in einer Parkgarage.

»Bei Sitte und Anstand kennen wir eben keinen Spaß. Im Prinzip sind wir ein Volk von Pfarrern«, sagte Ton. »Auch wenn kaum noch jemand in die Kirche geht. Schlag mal das Telefonbuch auf. Lauter verschiedene Kirchen, von denen noch nie jemand gehört hat. Sobald es um Religion geht, werden wir alle zu Missionaren.«

»Genau, Holländer sind Pfarrer und Kaufleute«, meinte Kees. »Wir versuchen immer, Geschäft und Moral zu verbinden.«

»Eben«, sagte Ton. »Sex sells. Auf den Wallen und im Fernsehen.«

Das gefiel *meneer* Boere sehr. »Hauptsache, es ist gut geregelt. Wie hier. Wer es nicht sehen will, der muss ja nicht hinschauen. Außerdem sind die Gardinen sowieso zu, wenn das Geschäft läuft.«

Gegen die bewährte holländische Gardinenregel hatte auch Kees nicht viel einzuwenden. Er verabschiedete sich von der Pressesprecherin und *meneer* Boere.

»Kann ich dich heute Nachmittag anrufen?«, fragte er mich, bevor er ging. »Dann machen wir was aus. Ich habe jetzt meinen Terminkalender nicht dabei.«

Allmählich löste sich die Gruppe vor dem Bordell der Zukunft auf. Auch Ton und ich verließen die kleine Gasse.

»Was für eine Show plant ihr nun eigentlich?«, wollte ich dann doch noch wissen. »Eine mit dem Arbeitstitel ›Wer wird Hollands nächste Tophure‹?«

Ton grinste. »Die Schlagzeilen siehst du schon vor dir, was? Aber eigentlich ist das gar keine so eine schlechte Idee. Ganz normale Frauen sitzen in einem Fenster um die Wette und müssen so viele Freier wie möglich anlocken.«

»Es würde mich jedenfalls nicht überraschen, wenn ihr so etwas eines Tages produziert«, erwiderte ich. »Ihr habt ja schon Männer im Fernsehen versteigert und gebt regelmäßig Tipps für die besten Sexpositionen.«

Ich dachte auch daran, dass sogar Linda de Mol, die Frau mit dem saubersten Holland-Image überhaupt, neue Abonnentinnen ihrer Zeitschrift Linda mit einer heißen Nacht mit einem Gigolo gelockt hatte.

»Ich muss dich leider enttäuschen.« Ton schüttelte den Kopf. »Es wird keine Sexshow. Ich arbeite schließlich nicht fürs Privatfernsehen. Bei uns muss es anständig bleiben. Noch.«

Wir schlenderten langsam zurück. Ton guckte erstaunt, als ich ihm den Eingang zu meinem Büro zeigte.

»Das ist ja bestimmt nicht so teuer. Aber hast du mit deiner Nachbarschaft keine Probleme?«

»Wieso denn?«, fragte ich erstaunt. »Es ist alles gut gesichert.« Zum Beweis wedelte ich mit meinem dicken Schlüsselbund. »Und die Leute hier sind alle sehr nett. Oder findest du das Viertel etwa unmoralisch? Ausgerechnet du?«

»Nein, das nicht, aber ich bin auch Amsterdamer. Nur, für eine Deutsche ist das doch sicher …«, er zögerte, »zumindest gewöhnungsbedürftig. Ihr seid ja nicht gerade für eure Freizügigkeit bekannt. Ich sage nur: Beate Uhse. Sex, der in neutralen Päckchen ins Haus geschickt wird. Bei uns kriegst du die Dildos im Drogeriemarkt.«

»Als ob wir alle verklemmt wären und in Burkas herumliefen«, schnaubte ich.

»Das bestimmt nicht. Im Gegenteil. Deutsche Frauen sind viel weiblicher als Holländerinnen, aber zurückhaltender. Das finden wir ja gerade so attraktiv«, sagte er mit einem beinahe anzüglichen Blick. »Holländerinnen wollen *stoer* aussehen. Burschikos, bequem, und höchstens mal ein bisschen frech.«

Das besänftigte mich nun doch, und es beruhigte auch ungemein. In den Papieren des Soziokulturellen Planungsamtes hatte ich nämlich gelesen, dass deutsche Frauen jahrhundertelang vor allem als Dienstmädchen begehrt waren. Ich hatte schon befürchtet, dass holländische Männer sich auch heute noch nur deshalb mit uns einließen, weil sie klammheimlich hofften, dass wir sehr reinlich seien.

Trotzdem erwiderte ich: »Am besten ist es natürlich, wenn wir im Dirndl rumlaufen, aus dem oben alles beinahe rauskullert, stimmt's?«

Er warf einen langen Blick auf mein T-Shirt, das allerdings äußerst gesittet war.

»Das ist nie verkehrt.«

»Tut mir leid«, sagte ich nur und steckte den Schlüssel in die Tür. »Ich komme nicht aus Bayern.«

»Ach, mir macht das nicht so viel aus.« Ton grinste, nicht uncharmant und sicherlich nicht abschreckend.

Ich lächelte zurück und wollte die Tür hinter mir schließen, da rief Ton mir noch zu: »Hast du heute Abend schon etwas vor? Wollen wir zusammen essen gehen?«

»Was, heute Abend?« Ich stockte. Eine spontane Verabredung? Gerade hatte ich noch mit Kees ausgemacht, dass wir telefonieren wollten, um eine nächste Verabredung zu planen. Das hatte übrigens nichts mit mangelndem Interesse zu tun. Ein Holländer plant seine Dates eben genauso langfristig und trägt sie in seinen Terminkalender ein wie die Montagssitzung und den Zahnarzttermin.

Tons überraschendes Angebot war verlockend, aber ich vertröstete ihn: Das Essen musste eine Woche warten. An diesem Abend konnte ich nun leider wirklich nicht. Ich musste nämlich wandern.

Kapitel 14

Mit meinen Wanderschuhen, der ausgebeulten Jogginghose und der dicken Fleecejacke sah ich nicht gerade wie Claudia Schiffer oder ein Pin-up-Girl aus. Aber ich unterschied mich zumindest auch nicht wesentlich von den anderen Frauen, die sich vor der Schule versammelt hatten. Sogar Paulien trug an diesem Abend nicht wie gewöhnlich Highheels und hippe Designertasche, sondern Turnschuhe und einen praktischen Rucksack auf dem Rücken.

»Jede Eitelkeit hat eine Grenze, und bei mir liegt die bei fünf Kilometern«, sagte sie.

An diesem Abend sollte diese Grenze überschritten werden. Wir sollten wandern, und zwar zehn Kilometer.

Als ich zum ersten Mal die Einladung zum jährlichen Wandertag erhielt, dachte ich an die netten Ausflüge meiner Schulzeit, als die ganze Klasse mit dem Bus in irgendeinen Wald fuhr, im Rucksack den Nudelsalat, ein hartgekochtes Ei und ein Päckchen Capri-Sonne. Mit einem deutschen Schulausflug aber haben die holländischen Wandertage, die *avondvierdaagse*, ebenso viel gemein wie ein Kneipenbummel mit einem 100-Meter-Lauf. Das fängt schon damit an, dass es nicht um eine eintägige Veranstaltung geht. Es wird vier Abende hintereinander gewandert.

Ein ebenso gewaltiger Trugschluss war meine Vorstellung, dass wir Eltern nur die Aufgabe hatten, möglichst hingebungsvoll den Kleinen beim Abschied zuzuwinken und sie einige Stunden später wieder gerührt in die Arme zu schließen. In den Niederlanden sind die Eltern gehalten, das Schulgeschehen nicht nur intensiv mitzuerleben, sondern auch aktiv mitzugestalten. In diesem Fall hieß das: mitlaufen.

Auch mit Nudelsalat und einem Snickers lag ich völlig falsch, dafür war noch nicht einmal eine Pause vorgesehen.

»Wir brauchen Zitronen«, hatte Marten gesagt. Er hatte nicht etwa plötzlich den Nutzen eines Vitaminstoßes entdeckt. Eine mit Pfefferminzbonbons bedeckte und fest in ein Herrentaschentuch gewickelte Zitronenhälfte gehört zu dem Wanderereignis wie das Bier zu einem Fußballspiel. Zehn Kilometer lang sollten die Kinder an dem Zitronentaschentuch lecken.

Die *avondvierdaagse* sind ein Ereignis, dem die Holländer so entgegenfiebern wie ein Sechsjähriger seinem Geburtstag. Mit Ausnahme meiner Freundin Paulien vielleicht. Es ist eine jener Aktivitäten, die in ihnen das echte Holländergefühl zum Brodeln bringt. Und das kommt erst dann so recht zum Zuge, wenn man in einer möglichst großen Gruppe exakt dasselbe tut.

Und weil sie das so oft wie möglich erleben wollen, wandert nicht nur jede Schule, sondern ganze Betriebe, Vereine und Dörfer. Das ist, als würden die Bayern ihr Oktoberfest zehnmal im Jahr feiern, weil sie vom weißblauen Glücksgefühl einfach nicht genug bekommen können.

Die *avondvierdaagse* kehren jedes Jahr wieder wie die Steuererklärung. Mit dem einzigen Unterschied, dass das kollektive Marschieren von jedem als *leuk* empfunden werden muss. Und *makkelijk*, einfach, ist es.

Schließlich muss man nur der Horde hinterherlaufen, jedes Jahr dieselbe Route. Und die führt nicht etwa durch idyllische Naturgebiete, sondern durch öde Außenbezirke.

Meine Begeisterung für die gemeinsame Freizeitgestaltung mit der gesamten Schule hatte in den vergangenen Jahren deutlich abgenommen. Das hatte Paulien mir ja bereits bei unserer ersten Putzorgie vorhergesagt. Jetzt sah sie mich mit einem beinahe diabolischen Grinsen an. Aber Schadenfreude war fehl am Platz, sie musste ja schließlich auch mitlaufen.

Gegen 19 Uhr setzte sich der Haufen in Bewegung. Hunderte von schnatternden und aufgeregten Kindern, Eltern und Lehrern.

»Wenn man alles zusammenrechnet, dann bin ich in all den Jahren bereits einmal nach Maastricht und zurück gelaufen«, sagte Paulien. »Und es ist noch nicht vorbei. Ich muss noch vier Jahre. Jedes Jahr hoffe ich, dass die Kinder nicht mehr mitlaufen wollen. Aber die wollen immer. Na, für dich ist es ja das letzte Mal«, fügte sie neidisch hinzu.

Marten würde nach dem Sommer die Grundschule verlassen, und dann würde sich mein Leben dramatisch verändern, hatte sie mir prophezeit. Dann war Schluss mit dem Läusesuchen und dem Wandern. Ich wurde fast ein bisschen sentimental. Das machte diesen Marathon in vier Etappen tatsächlich zu etwas ganz Besonderem.

Wir hatten das Wohnviertel hinter uns gelassen und liefen nun an Hotelblocks vorbei, die höchstens bei Rentnergruppen aus Bitterfeld heimelige Gefühle wecken dürften. Die Kinder waren schon längst ganz an die Spitze der Wanderkolonne gerannt. Wir sollten sie erst am Ziel wiedersehen.

»Es ist doch auch nett«, meinte Jan. Er hatte sich zu diesem Anlass in seine fesche Abreißhose gezwängt. »Man tut was gemeinsam, bewegt sich und kriegt am Ende noch eine Belohnung.«

Paulien schenkte ihm einen höhnischen Blick.

»Das Kreuzchen kriegen ja wohl nicht wir, sondern die Kinder. Und dazu noch die ganzen Süßigkeiten und die Blumen. Meine drei kommen mit mindestens zehn von diesen Tankstellenstrünken nach Hause. So viele Vasen habe ich gar nicht. Und dann noch kiloweise Mäusespeck.«

»So weit ist es aber noch lange nicht«, sagte Hetty und erinnerte uns daran, dass wir gerade erst am Beginn der ersten Etappe waren. Das kleine Blechkreuzchen am rot-weiß-blauen Bande aber bekamen die Kinder erst am letzten Tag umgehängt. Und dann wurden sie am Ziel auch noch von Omas, Opas, Nachbarn und Tanten verwöhnt, als kehrten sie von einer Nordpolexpedition zurück.

»Zumindest kann ich schon mal ein bisschen an meiner Kondition arbeiten«, meinte Jan ungerührt und straffte seinen Rücken.

»Willst du etwa in Nijmegen mitlaufen?« Ich sah ihn verblüfft an. Ich hätte nicht erwartet, dass er sich zum größten Wanderereignis der Welt, der *Nijmeegse Vierdaagse*, angemeldet hatte.

Hetty lachte einmal kurz, aber kräftig auf. »Du glaubst doch nicht im Ernst, dass Jan sich gemeinsam mit 40 000 anderen Leuten 40 Kilometer durch die Wälder schleppt, und das auch noch vier Tage hintereinander. Für Jan ist schon das Bedienen der Fernbedienung eine sportliche Betätigung.«

Jan guckte ein wenig beleidigt. »Nein, natürlich fahre

ich nicht nach Nijmegen. Aber nächste Woche startet unsere ganze Abteilung zur *fietsvierdaagse.*«

Vier Abende nacheinander sollten alle Kollegen gemeinsam Rad fahren.

»Das stärkt das Team«, erklärte Jan.

»Und die Waden«, fügte ich hinzu.

Jan warf einen prüfenden Blick auf seine weißen Unterschenkel. »Außerdem ist es für einen guten Zweck. Du kannst auch mitmachen.«

»Nein danke«, sagte ich erschrocken. »Ein kollektives Großereignis reicht mir.«

»Aber wir sammeln Geld für die Kinderhilfe. Du kannst mein Sponsor werden. Mit fünf Euro bist du dabei.«

Natürlich, solche Gemeinschaftsaktivitäten waren oft auch noch mit Spendensammeln verbunden, das wusste ich. Nur habe ich nie ganz begriffen, ob der gute Zweck das Gemeinschaftsgefühl noch erhöht oder ob man dadurch den Eindruck vermeiden wollte, dass die kollektive Leibesübung aus reinem Vergnügen stattfand.

»Eigentlich müssten wir euch Deutschen dankbar sein. Das war doch ursprünglich eure Idee«, meinte Jan, als könne das massenhafte Marschieren nur eine deutsche Eigenart sein.

»Quatsch«, warf Paulien ein. »Das ist typisch holländisch. Wir müssen immer alle hintereinander herrennen. Das ist in der Mode genauso. Wenn irgendwo auf der Welt Stiefel trendy sind, dann tragen alle Holländerinnen Stiefel. Und zwar nicht etwa nur eine Saison, sondern jahrelang und auch wenn es 30 Grad im Schatten sind.«

Paulien musste das wissen, sie arbeitete schließlich bei einer Modezeitschrift.

»Ihr Holländer seid auf jeden Fall richtige Meister im

Erfinden von Gesellig-mit-allen-zusammen-etwas-tun-Gelegenheiten«, stellte ich fest. »Denkt nur an die ›Matthäus-Passion‹. Tausende strömen in die Kirchen und Konzertsäle, und das schon im März.«

»Genau«, stimmte Paulien mir zu. »Und den echten Kick kriegen sie nicht durchs Zuhören, sondern wenn sie mit Hunderten zusammen singen, ob sie das nun können oder nicht.«

»Und dann auch noch ›O Haupt voll Blut und Wunden‹«, ergänzte ich.

»Darauf kommt es doch gar nicht an«, mischte sich Hetty ein. »Es geht darum, etwas gemeinsam zu erleben. So viel haben wir ja nicht, was uns verbindet.«

Ich starrte sie an. »Wir haben doch alle erst vor zwei Wochen auf den Straßen den Geburtstag eurer Königin gefeiert. Noch dazu in Orange.«

Der Königinnentag am 30. April läutet die Geselligkeitssaison ein. Eigentlich hat die Chefin vom Hause Oranje-Nassau am 31. Januar Geburtstag, aber dann würde das Wetter bei dem gigantischen Volksfest wohl nicht mitspielen. Also war es beim Geburtstag der Königinmutter geblieben.

»Ich kenne noch nicht einmal den Geburtstag des deutschen Bundespräsidenten, geschweige denn, dass ich mich ihm zu Ehren in ein schwarz-rot-goldenes Kleid zwängen würde,« meinte ich.

Paulien nickte zustimmend. »Aber wir haben es mit der Farbe unseres Königshauses natürlich entschieden einfacher.«

»Königinnentag ist doch in erster Linie einfach eine Party. Und es ist eine gute Gelegenheit, die alten Sachen loszuwerden«, sagte Hetty.

Tatsächlich hatten wir alle schon Wochen vorher

Schuppen und Abstellkammern entrümpelt. Denn Koniginnentag ist auch ein gigantischer Volksflohmarkt.

»Außerdem können die Kinder ihre Talente vermarkten, und dann lernen sie gleich, wie man das Gesellige mit dem Geschäftlichen lukrativ verbindet.«

»Marten hat doch auch gute Geschäfte gemacht mit seinem Tischfußballspiel. Das war natürlich eine geniale Idee«, sagte Jan anerkennend. »Erstens zieht Fussball immer. Und zweitens sind holländische Männer ungeheuer wild drauf, gegen einen deutschen Torwart einen Elfmeter zu gewinnen, selbst wenn es nur eine Tipp-Kick-Figur ist. Wie viel hat er eigentlich verdient?«

»30 Euro«, erwiderte ich. »Sie konnten gar nicht genug bekommen. Immer wenn Marten ihre stümperhaften Versuche abgewehrt hatte, zahlten sie noch einmal 50 Cent für eine weitere Serie.«

»Reine Fußballpsychologie«, meinte Jan. »Es geht ja nicht an, dass ein echter Holländer an einem deutschen Keeper scheitert, noch dazu, wenn der nur aus Plastik ist.«

»*Koninginneddag* ist aber nur einmal im Jahr«, sagte Hetty.

»Vergiss den Fußball nicht«, erwiderte Jan. »Weltmeisterschaft, Europameisterschaft – das sind auch Oranje-Ereignisse.«

»Ja, aber zum Glück nur alle zwei Jahre«, entgegnete seine Frau. »Mir graust es bereits jetzt bei dem Gedanken, dass wir bald wieder so eine WM haben. Trotzdem, von solchen Gelegenheiten abgesehen, sind wir ein Volk von Individualisten.«

Ich starrte auf den Strom der Wanderer vor uns und leckte an meiner halben Zitrone. So konnte man es natürlich auch sehen.

»Das liegt alles an der Entsäulung«, erklärte Hetty und alle stimmten ihr zu.

Immer wenn Holländer auf eine unerklärliche Tradition stoßen, begründen sie sie mit diesem magischen Wort. Die ›Entsäulung‹ ist für sie ein ebenso entscheidendes Ereignis wie die Revolution für die Franzosen.

Bis in die Mitte des 20. Jahrhunderts hinein hatte sich das Leben in den Niederlanden in festgelegten Bahnen abgespielt. Jede Kirche oder Ideologie hatte ihre eigene ›Säule‹, die einem ein Leben unter Gleichgesinnten garantierte, von der Wiege bis zur Bahre. Man kaufte Brot beim katholischen Bäcker, las die reformierte Zeitung, besuchte die orthodox-calvinistische Schule oder ließ sich nur im alt-reformierten Krankenhaus den Blinddarm herausnehmen. Eine Art gutgemeinte Apartheid sozusagen, die dafür sorgte, dass sich keiner in die Quere kam.

»Ein Glück, dass diese Zeiten vorbei sind«, meinte Paulien. »Stell dir mal vor, dass irgendein Pfarrer uns noch vorschriebe, wie wir zu leben haben, welche Partei wir wählen sollen oder …«

»Oder zu welchem Schlachter ich gehen muss«, fiel Jan ihr ins Wort.

»*Spruitjeslucht*!« Paulien schüttelte sich voll Abscheu.

Das Wort sagte genug. Der Mief der 50er Jahre hängt Holländern noch immer als abgestandene Luft von zu lang gekochtem Rosenkohl in der Nase.

»Rosenkohl ist aber an sich sehr lecker«, verteidigte Hetty das Lieblingsgemüse der Nation. »Natürlich war das damals miefig. Aber auch gesellig. Jetzt haben die Kirchen ausgespielt, und wir haben nur noch das Königshaus, das uns verbindet.«

»Und die *avondvierdaagse*«, seufzte ich.

»Genau, und dazu passt kein ungeselliges Thema«, meinte Hetty und verteilte ein paar Kekse. »Erzähl uns lieber mal, was du so treibst. Was macht die Liebe?«

Ich wäre beinahe gestolpert. Dieses Thema wollte ich lieber vermeiden.

»Geht es ein bisschen voran?«, bohrte Hetty. »Neulich habe ich dich mit einem Mann gesehen. Wer war denn das? Wird das was?«

Inzwischen sahen mich auch Paulien und Jan erwartungsvoll an.

»Ich bin ein glücklicher Single«, wiegelte ich ab.

»Das sah aber ganz anders aus«, sagte Hetty. »Er hatte den Arm um dich gelegt.«

»Aha! Ist das auch der Typ, mit dem du nächste Woche essen gehst?«, fragte Paulien.

Auch das noch. Ich hatte mal wieder meinen großen Mund nicht halten können und Paulien von Ton erzählt. Und nun petzte sie. Ich fühlte, wie ich errötete.

»Nein, aber das mit dem ist rein geschäftlich«, erklärte ich und warf Paulien einen warnenden Blick zu.

»Interessant!« Hetty ließ nicht locker. »Dann sind es also schon zwei. Und dieser Geschäftspartner ...«, sie sah mich dabei mit einem wissenden Blick an, »ist der zufälligerweise auch Single?«

Ich hatte wirklich nicht die Absicht, inmitten all der fröhlichen Wanderer zu bekennen, in welche gefährlichen Untiefen mich meine Forschungen nach dem Geheimnis des holländischen Mannes getrieben hatten – und dass mir das durchaus nicht unangenehm war.

Jan schaute schon sehr neugierig. Fieberhaft suchte ich nach einer plausiblen Antwort und bemühte mich dabei um eine möglichst coole Haltung. Dabei war ich bestimmt schon so knallrot wie Martens Ajax-Shirt, aber das konnte ja schließlich auch am anstrengenden Wandern liegen.

»Alle Männer sind Schweine«, mischte sich plötzlich eine Frau ein, die neben uns ging. »Meiner zum Beispiel hat vier Jahre lang ein Doppelleben geführt.«

Wir drosselten automatisch unser bis dahin recht forsches Wandertempo, um nichts von der ungewöhnlichen Beichte zu verpassen.

»Wie ärgerlich«, sagte Paulien – eine deutliche Aufforderung an die Frau, fortzufahren.

»Wisst ihr, wo sie ihr Liebesnest hatten?« Sie wartete unsere Antwort gar nicht erst ab. »Im Van-der-Valk-Hotel in Breukelen.«

»Romantisch«, kommentierte Paulien sarkastisch. Das Örtchen Breukelen ist nämlich nur wegen dieser einzigen Sehenswürdigkeit bekannt: ein Autobahnmotel im Stil einer chinesischen Pagode.

»Und die Kosten haben sie geteilt. So bin ich auch dahintergekommen.«

»Typisch holländisch«, murmelte ich.

Paulien sah mich stirnrunzelnd an. »Das ist ja wohl international, das tun doch alle.«

»Ich meine nicht das Fremdgehen, sondern das ehrliche Teilen der Rechnung, selbst nach einem Rendezvous. In Amerika heißt das ja nicht umsonst *going Dutch*. Und Holländer praktizieren das offenbar sogar beim Fremdgehen.«

»Ich nicht«, protestierte Jan mit einem Seitenblick auf seine Frau und meinte damit sicher sowohl das eine als auch das andere.

»Einen Vorteil haben die *avondvierdaagse* jedenfalls«, meinte Paulien zufrieden, »so erfährt man noch mal was.«

Die blonde Frau hatte sich inzwischen zu einer anderen Gruppe gesellt.

»Wer ist das eigentlich? Kanntet ihr die?«, fragte ich.

Nicht, dass ich sonderlich überrascht gewesen wäre von der Beichte einer wildfremden Frau an diesem warmen Frühsommerabend am Amsterdamer Stadtrand. Das gewöhnt man sich schnell ab in einem Land, in dem Menschen allabendlich im Fernsehen das ganze Volk an der Impotenz des Mannes oder dem Alkoholproblem der Oma teilhaben lassen.

Es stellte sich heraus, dass keiner von uns die Frau schon einmal gesehen hatte. Wir blickten uns um. Auch die anderen Mitwanderer waren uns völlig unbekannt.

Wir liefen nun in einer Straße mit ordentlichen Reihenhäusern, in den Fensterbänken standen jeweils zwei große cremefarbige Vasen mit irgendeinem Grüngewächs. Ich konnte mich nicht erinnern, jemals in diesem Teil der Stadt gewesen zu sein.

»Wir sind verkehrt!«, stellte Jan lachend fest. »Wir müssen irgendwo falsch abgebogen sein. Das ist nicht mehr unsere Gruppe.«

Dass das ausgerechnet ihm passiert war, amüsierte ihn köstlich. Schließlich kannte er die Stadt genauso gut, wie wir Frauen die Dialoge in ›Sex and the City‹. Vermutlich hatte ihn das Gespräch übers Fremdgehen mehr aus der Fassung gebracht, als er mit seinem gleichmütigen Grinsen vorgab.

Keiner von uns hatte eine Karte bei sich. Eigentlich war es ja auch überflüssig, da wir jedes Jahr dieselbe Route liefen.

»Warum gibt es denn noch nicht einmal Wegweiser oder so etwas?« Ich sah meine Mitwanderer ratlos an.

»Ja, ja, in Deutschland stünde sicher an jeder strategisch wichtigen Kreuzung ein Ordner in signalroter Sicherheitsweste, der ›Achtung, Achtung‹ ruft«, meinte Jan trocken.

»Zumindest ein Schild wäre jetzt ja wohl nicht verkehrt«, sagte ich ein wenig beleidigt.

Jan grinste nur. »Dir würde das auch nicht helfen. Wie war das neulich? Da bist du eine halbe Stunde zu spät ins Kino gekommen, weil du dich verfahren hast. Noch dazu in Amsterdam. Deiner Stadt. Wir sollten dir ein Navi für dein Rad schenken.«

»Aber dann eins, das alle Schuhgeschäfte angibt«, sagte nun auch noch Hetty.

»Neulich war es dunkel«, murmelte ich kleinlaut. Aber es stimmte schon, ich bin nicht gerade ein Orientierungswunder. Marten behauptet sogar, dass ich noch nicht einmal rechts und links auseinanderhalten kann. Das ist natürlich völlig aus der Luft gegriffen.

»Wollen wir nicht vielleicht ein Taxi rufen?«, schlug ich vor, erntete aber nur vorwurfsvolle Blicke.

»Wir wollen doch sicher nach Hause kommen«, meinte Paulien. »Im Vergleich zu den Amsterdamer Taxifahrern sind selbst die italienischen Mafiosi die reinsten Messdiener!«

»Außerdem verstößt das gegen die Regeln«, fügte Hetty hinzu, die gerne sehr korrekt ist.

Zum Glück hatten wir Jan bei uns. Er hielt sein Gesicht prüfend in die Luft.

»Wir haben Westwind, also müssen wir da vorne rechts abbiegen«, sagte er selbstsicher.

Männer haben sowieso einen beneidenswerten Orientierungssinn, aber Holländer wissen noch dazu immer, von wo der Wind weht. Daher haben sie wohl auch den Sextanten im Gegensatz zu anderen Seefahrervölkern jahrzehntelang ungebraucht im Schrank liegen lassen.

Schweigend folgten wir Jan, dem nun ganz klar zu sein schien, wohin unser Weg uns führte.

Auf einmal erkannten wir die Umgebung wieder.

»Da ist unsere Sammelstelle.« Jan zeigte stolz auf einen Sportplatz. Es war noch niemand von unserer Schule zu sehen.

»Wir sind die ersten, wir sind wohl eine Abkürzung gelaufen.« Hetty guckte ein wenig sorgenvoll, denn auch das verstieß gegen die Regeln.

Aber dafür konnten wir ja schließlich nichts.

Kapitel 15

Die abendlichen Wanderungen hatten mir einen ordentlichen Muskelkater beschert, und so war ich heilfroh, dass ich zu meinem Abendessen mit Ton nicht auch noch radeln musste. Er wollte mich mit seinem Boot abholen, und wir hatten uns an der Anlegestelle eines Hotels verabredet, nur fünf Minuten von meiner Wohnung entfernt.

Es war ein warmer Frühsommerabend. Meine Nachbarn saßen mit einer Flasche Rosé auf dem Bürgersteig.

»*Lekker weertje*, nicht wahr?«, sagte eine untersetzte Frau am Fahrradständer zu mir.

Sie hatte recht. Die Luft war so lau, dass man sie einfach nur liebkosend Wetterchen nennen konnte. Es war auch der erste Tag der sockenfreien Saison, daher schlenderte ich mit meinen nackten Füßen in den Pumps extra beschwingt zu meiner Verabredung.

Wenn ich es recht bedachte, dann war es eigentlich mehr als eine Verabredung, ein *afspraak*. Dies war ein echtes *afsprakje*. Das ist ein kleiner, aber bedeutsamer Unterschied. Denn das *-je* am Ende macht einen gewöhnlichen Termin beim Zahnarzt oder Steuerberater zu einem Rendezvous.

Es sollte sogar mein erstes richtiges *afsprakje* in diesem Land sein. Die verschiedenen Käsebrötchen und Kopfstöße mit Kees in den letzten Monaten wollte ich nicht recht dazu zählen. Da war eine Einladung zum

Abendessen schon etwas ganz anderes, zumal Ton vorgeschlagen hatte, mit seinem neuen Boot zum Restaurant zu fahren. Und so durch die Grachten zu schippern an einem lauen Sommerabend klang doch gefährlich romantisch.

Ton hatte natürlich nicht Boot, sondern Bötchen gesagt. Das war leicht untertrieben. Als ich zum Steg kam, stand er schon stolz am Steuerrad einer funkelnden Schaluppe, die ohne weiteres als Beiboot der Titanic hätte durchgehen können. Offensichtlich gehörte der Mann, den ich eigentlich nur in schäbigen Jeans und mit rostigem Fahrrad kannte, zu den Besserverdienenden.

Angesichts des schwankenden Untersatzes verzichtete ich vorsichtshalber auf die drei obligatorischen Begrüßungsküsse und bemühte mich, einigermaßen damenhaft und vor allem sicher ins Boot zu steigen.

»Was für ein Luxusgefährt! Dir scheint es ja nicht schlecht zu gehen«, sagte ich bewundernd.

Ton winkte verlegen ab und startete den Motor. »Nein, so kann man das nicht sagen. Ich konnte das Boot billig kaufen. Gebraucht. Es war eine günstige Gelegenheit.«

Er war ihm offensichtlich unangenehm, als ob ich ihn bei so etwas Unmoralischem wie Steuerhinterziehung erwischt hätte. Luxus ist in calvinistischen Augen zwar kein Vergehen, aber dennoch leicht anrüchig. Das fängt schon bei den kleinen Dingen an. Selbst Butter auf dem Käsebrötchen gilt für die meisten Holländer als Exzess. Der Eindruck, ein unmoralischer Verschwender zu sein, muss dann ganz schnell geradegebogen werden. Selbst am Genuss hängt ein Preisschild. Fragt man einen Holländer, wie seine Ferien in Italien waren, kommt mit an Sicherheit grenzender Wahrscheinlichkeit ein detaillierter Bericht über das Preisniveau in der Toskana, als ob der Preis für Pizza und Cappuccino entscheiden würde, wie schön der Urlaub war.

»Wir sind eben ein Volk von Schnäppchenjägern«, räumte Ton ein, als ich ihn mit dieser Eigenart konfrontierte. »Am liebsten wollen wir natürlich alles gratis haben. Wir wollen eben *voor een dubbeltje op de eerste rang zitten*«, zitierte er noch eine bekannte holländische Maxime. Für ein paar Cent in der ersten Reihe sitzen. »Aber das heißt ja nicht, dass wir uns nicht auch mal was erlauben würden.«

Ton hatte das Boot gewendet und wir tuckerten langsam durch die Gracht in Richtung Amstel.

Er hatte natürlich ›erlauben‹ und nicht ›leisten‹ gesagt, denn Leistung ist im Holländischen nicht unbedingt ein Schimpf-, aber doch ein Fremdwort. Luxus hat eben wenig mit der selbsterbrachten Leistung zu tun, sondern ist eine hochmoralische Angelegenheit: Wenn man sich einmal etwas gönnt, dann erlaubt man es sich, als müsste man immer erst um Zustimmung fragen.

Alles, was einen Holländer aus der Masse heraushebt, ist prinzipiell verdächtig. Dann nämlich würden sie ›*boven het maaiveld uitsteken*‹, aus dem Kornfeld herausragen. Weil sie ein friedliches Völkchen sind, sagen sie nicht, was mit dem passiert, der sich so vorwitzig vorstreckt. Aber dass das nichts Angenehmes ist, ist klar. Nur wer das Mittelmaß nicht übersteigt, kann auf Wohlwollen rechnen.

Wenn man es so betrachtete, war das Zeugnis, das Marten an diesem Tag nach Hause gebracht hatte, absolute Spitze. Statt Zensuren gab es da lauter kleine Kreise. Ein Kreuzchen bei Kreis a bedeutete: Ihr Kind gehört zu den 25 Prozent der niederländischen Kinder unter dem

Durchschnitt. Kreis b: Ihr Kind ist Durchschnitt, und c: Es gehört zu den 25 Prozent über dem Durchschnitt. Das Beste, was man in einer holländischen Grundschule erreichen kann, ist ein Kreuz durch alle mittleren Kreise. Das war bei Marten der Fall.

Kein Wunder, dass die Kinder am Zeugnistag fröhlich lachend zur Schule gehen und Leistungsdruck ein Fremdwort ist. Auch im späteren Schulleben, hatte mir Paulien gesagt, ist die angestrebte Bestnote auf der Skala von Eins bis Zehn die Sechs. Dass die Schüler sich damit zufriedengeben, kann ich ja noch nachvollziehen. Übermäßiger Ehrgeiz gehört, daran kann ich mich noch sehr gut erinnern, nun mal nicht gerade zu den normalen Eigenschaften eines Kindes. Aber auch Eltern und Lehrer finden ein mittelmäßiges Ausreichend absolut in Ordnung. Eigentlich ist jeder mit dieser Sechserkultur, der *Zesjescultuur*, hochzufrieden.

Eine Ausnahme der Mittelmaßregel stellen nur die Spitzenleistungen im Sport dar. Allerdings erschwamm etwa ein Pieter van den Hoogenband seine Goldmedaillen ja nicht zum eigenen Vorteil, sondern zum Ruhme der Nation.

Wir fuhren entlang wundervoller Gärten mit lauschigen Lauben und großen Terrassen. An den privaten Anlegestegen schaukelten schnittige Motorboote.

»Wahrscheinlich steht bei dir auch noch so ein schicker Stadtjeep vor der Tür, oder du kannst dir sogar eine Garage leisten«, zog ich Ton auf. Eine Garage kostete im Amsterdamer Stadtgebiet so viel wie anderswo ein Einfamilienhaus.

»Nein«, wehrte er ab. »Ich habe eine ganz alte Karre. Das hat meinen deutschen Schwiegervater auch immer irritiert. Der fragte jedes Mal, wenn wir dort waren, ob die Geschäfte schlecht liefen.«

»Das kann ich mir vorstellen«, meinte ich und dachte an die Faustregel: Je weniger man sieht, desto wichtiger ist die Person.

»Ich habe ihm mal erzählt«, fuhr Ton fort, »dass selbst unser früherer Ministerpräsident Wim Kok immer mit dem Fahrrad zur Aufsichtsratssitzung einer Großbank fährt. Das wollte er mir nicht glauben. Dabei ist es noch genau so wie bei den mächtigen Amsterdamer Regenten im 17. Jahrhundert. Die haben sich von Rembrandt auch nicht mit Hermelinkragen und Juwelen malen lassen, sondern trugen Pastorenschwarz.«

Ich nickte und zog meinen Rock ein wenig herunter.

»Ist dir kalt?« Ton warf einen langen und gar nicht so besorgten Blick auf meine Beine. »Ich hab leider keine Decke dabei.«

»Das macht nichts. Pass lieber auf den Verkehr auf.«

Es war voll auf dem Wasser. Ein kleines Boot schwankte bedenklich, als ein großer Kahn mit ungefähr 20 Studenten an Bord vorüberfuhr. Laute Musik und Gelächter schallten über die Gracht.

»Hast du eigentlich noch Kontakt zu deiner Ex?«, fragte ich, als sich das Partyboot entfernt hatte.

Ton schüttelte den Kopf. »Irgendwie hat es zwischen uns nie gut geklappt. Sabine fand uns Holländer zu unordentlich, zu lässig. Das Sei-normal-Prinzip hat sie nie verstanden, und wir waren ihr zu geizig.«

»Da ist sie ja wohl nicht die Einzige, die so denkt«, sagte ich und erinnerte mich, dass in Italien früher das NL auf den gelben Nummernschildern mit *niente Lire* übersetzt wurde. Mein Bruder sagt hingegen immer ›nur links‹. Damit meint er weniger die Politik als den Fahrstil auf den Autobahnen. Aber das ist wieder eine andere Geschichte.

Nun steuerte Ton auf den Anlegesteg eines Restaurants zu. Es war einer jener Läden, die sich mit sogenannter ›ehrlicher Küche‹ profilierten und daher als etwas absolut Besonderes galten. Nachdem ein Restaurantkritiker das Essen auch noch als wohlschmeckend bezeichnet hatte, war es immens populär geworden. Wir hatten Glück und bekamen sogar noch einen Tisch auf der Terrasse.

Ton nickte einem schmächtigen Mann am Nachbartisch zu. Der grüßte zurück und schob dabei seine Sonnenbrille in das dünne blonde Haar, so dass ich sein Gesicht sehen konnte, aber ich hatte ihn ohnehin schon an seinen Hosenträgern erkannt. Er war das, was man einen BN'er nennt, ein bekannter Niederländer.

Das ist mehr als ein Adelstitel. Königin Beatrix ist zum Beispiel kein BN'er. Nicht, weil es wegen der vielen deutschen Vorfahren berechtigte Zweifel gibt, ob sie eine waschechte Holländerin ist, sondern weil sie bereits als Berühmtheit geboren wurde. Doch den Titel BN'er muss man sich erwerben, und zwar nicht durch herausragende Leistungen wie etwa den Nobelpreis, sondern durch möglichst viele Auftritte im Fernsehen. Und der Mann mit den Hosenträgern gab in dieser Hinsicht sein Bestes.

Er sah mich neugierig an. »Kommst du aus Deutschland?«

Mein Akzent lässt mich eben nie im Stich.

Wie aus der Pistole geschossen folgte gleich »mit, an, auf, zu …« Er lachte schallend.

Die Reihe der Dativpräpositionen kannte ich inzwischen so gut wie meine Telefonnummer, so oft war sie mir ungefragt vorgebetet worden. Was Holländer mit dem deutschen Dativ haben, ist mir schleierhaft. Sie scheinen ihn zu fürchten wie eine heimtückische Fallgrube, als wäre bei einem Fehltritt gleich der Export ihrer Tomaten gefährdet.

Ich lachte höflich und griff zur Speisekarte.

»Haben Sie schon gewählt?« Ein junger Mann war an unseren Tisch getreten und stellte sich als Thijs vor, unsere Bedienung für den Abend. »Als fangfrische Spezialität des Tages haben wir heute Forelle auf einem Bett aus Rucola. Die Forelle kommt von unserem Züchter De Haan aus Drenthe und hat heute Morgen noch fröhlich im Wasser geschwommen. Der Rucola ist erst heute Mittag beim Bauern Visser gepflückt worden.«

Thijs strahlte vor Freude.

»Und dann haben wir noch wundervolles Rinderfilet von unserem ganz besonderen Hof De Landhoeve in Ost-Groningen, dazu reichen wir Opperdoeze Ronde, ein Gedicht von einer Kartoffel. Außerdem …«

»Der Ochse stand sicher gerade eben noch blökend auf der Weide, nicht wahr?«, unterbrach ihn Ton.

»*Meneer*, es war auf jeden Fall ein äußerst glückliches Tier.« Der junge Mann in seinem strahlend weißen Oberhemd bemühte sich um ein Lächeln.

»Jetzt ist er das nicht mehr«, meinte Ton ungerührt. »Ich nehme das Steak, aber lieber mit Fritten.«

»*Meneer*!« Thijs sah ihn pikiert an. »Wir haben nichts Frittiertes. Nur Natur pur.«

Ton gab sich schließlich mit den biologisch-dynamischen Salzkartoffeln zufrieden, die nach Auskunft der Bedienung eine Delikatesse waren. Ich entschied mich für die fröhliche Forelle.

»Ich bin nicht so für die feine Küche«, sagte Ton. Er

hatte seine Sonnenbrille abgesetzt und schaute mich munter an. »Meistens ist das doch bloß eine höfliche Umschreibung dafür, dass da nur Ikebana auf dem Teller ist.«

Thijs brachte inzwischen unseren Wein und verzichtete diesmal auf eine Erklärung.

»Und warum sind wir dann hierhin gegangen?«, fragte ich Ton.

»Na, hier sitzt man doch fantastisch, und dann sieht man auch noch was.« Ton machte mit dem Kopf eine kaum wahrnehmbare Bewegung zum Nachbartisch.

Langsam drehte ich mich zur Seite, als wollte ich nur die Grachtenhäuser im Abendlicht bewundern. Die Vorsicht war überflüssig. Der BN'er war inzwischen sehr nahe an seine blonde Begleitung gerückt, die neben ihm saß. Seine Hand krabbelte langsam, aber zielstrebig unter ihr knappes T-Shirt.

Es muss einen hohen Stretchanteil haben, dachte ich.

Ton krempelte die Ärmel seines dunklen Hemdes hoch und prostete mir zu. »Natur pur, eben.«

Wir probierten den Wein.

»Und, wie ist das Leben als Single? Vermisst du nichts?«, fragte Ton.

»Was meinst du? Das da?« Ich wies auf das nun eng ineinander verknäulte Paar neben uns. »Das tut man nach 15 Jahren Ehe doch sowieso nicht mehr.«

Thijs unterbrach uns und servierte sorgsam große Teller mit dem ehrlichen Essen. Die Forelle sah ästhetisch aus, aber vermutlich nicht mehr ganz so fröhlich wie zu Lebzeiten.

Ton griff zu seiner Gabel und zerdrückte seine kostbaren Biokartoffeln sorgsam zu einem feinen Brei.

»Du bist also ein *prakker*«, stellte ich fest.

»Wie meinst du das?« Er unterbrach das Gemansche und sah mich fragend an.

»Man kann Deutsche ganz einfach von Holländern unterscheiden. Ihr seid *prakker*, und wir sind *prikker*«, sagte ich. »Ihr stampft eure Kartoffeln zu Mus, und wir spießen sie in kleine Stückchen auf.«

Ich nahm noch einen Schluck Wein.

»Weißt du, was einer der großen Vorteile des Singledaseins ist? Ich bin nun ganz allein für die Auswahl der Kartoffelsorte zuständig. Und das sind feste.«

Der Friese hatte vorzugsweise Jugendherbergskartoffeln gekauft und damit schon eine wichtige Weiche für unseren Speiseplan gestellt. Mit den Kartoffeln vermischte er nämlich gerne das bis zur Unkenntlichkeit verkochte Gemüse am liebsten noch im Topf zu einem einzigen Brei, als hätten wir keine Zähne mehr. In die Mitte grub er dann eine kleine Kuhle, die er mit Soße füllte.

Holländer nennen das Ganze *stamppot*. Und sie lieben es. Ich habe bisher nur ein einziges Volk mit einer ähnlichen Sitte kennengelernt: die Hamburger mit ihrem Labskaus.

»Da kann ich ihn gut verstehen, ich liebe *stamppot*«, sagte Ton. »Es ist doch auch lecker. Und du kannst es bequem essen und hast weniger Abwasch. Wir bauen nun einmal gerne Deiche und kanalisieren sogar unsere Soße.« Thon fuhr ungerührt fort, seine ehrlichen Kartoffeln mit der Soße zu mischen. »Das zeigt doch wiederum nur, wie gut wir zusammenpassen. Ihr grabt ja schließlich auch gerne Kuhlen.«

Kuilengraver, Kuhlengräber, diese Bezeichnung klebt an uns Deutschen wie Kaugummi in einem Angorapulli. Und nur, weil in den 50er Jahren einmal ein paar Rheinländer am Strand eine Burg gebuddelt haben.

»Ich war neulich in Berlin«, mischte sich jetzt wieder unser Tischnachbar ein. Übrigens auch ein *prakker*, wie ich mit einem Blick auf seinen Teller feststellte. »Eine tolle Stadt. Da müsste man wohnen. Vielleicht kauf ich mir da was. Es ist ja ungeheuer billig.« Sein Arm steckte immer noch unter dem T-Shirt der Blondine.

Ich nickte höflich. BN'er, das wusste ich von meiner Freundin Dieuwke, hatten in Berlin bereits eine ganze Kolonie errichtet.

»Hier ist es doch viel zu provinziell, jeder kennt jeden und kontrolliert einen«, meinte er noch verächtlich.

»Aber hier verdienst du dein Geld, und wohl auch nicht zu knapp«, sagte Ton trocken.

Und hier bist du ein Promi, fügte ich im Stillen hinzu.

Doch der BN'er ließ sich nicht aufhalten. Er war in Fahrt. »Und dieser Neid hier. Nichts gönnen sie dir. Du wirst schon schief angesehen, wenn du ein großes Auto fährst.«

Über das eigene Land zu mäkeln gehört zwar unbedingt zu jedem echten BN'er dazu. Aber es ist auch ein gefährlicher Balanceakt. Wer nämlich auf der Jagd nach internationalem Ruhm in die Welt zieht, dem droht schnell das Schicksal von Rudi Carrell. Dessen Erfolg in Deutschland machte ihn lange im eigenen Land verdächtig.

»Wollen wir gehen?«, fragte seine blonde Freundin ungeduldig.

»Harry, hol schon mal den Wagen!«, zitierte der BN'er zum Abschied den Lieblingsdeutschen der Holländer.

»*We bellen*«, rief er Ton noch zu, dann ging er.

Er meinte natürlich nicht, dass sie sich wie zwei Straßenköter mitten auf der Gracht anbellen würden. *Bellen* heißt telefonieren. Es ist eines dieser wunderbar treffenden holländischen Wörter, ohne die ich einfach nicht auskommen kann. Wer hatte nur die merkwürdige Idee, telefonieren statt *bellen* zu sagen? Schließlich hat doch ein Herr Bell das Telefon erfunden!

Dass wir neben einem holländischen Promi zu Abend gegessen hatte, war wahrlich nichts Besonderes. Das konnte ich meinen Freundinnen noch nicht einmal als *breaking news* mitteilen. Weil sich BN'er nun einmal gerne in der Hauptstadt zeigen, kommt einem diese an manchen Abenden vor wie der Sunset Strip im Polder.

»Wie viele BN'er gibt es eigentlich?«, fragte ich Ton.

»Zu viele«, meinte er ungerührt und bestellte noch zwei Gläser Wein. »Und es werden immer mehr. Man gehört ja schon fast dazu, wenn man nur einmal im Fernsehen gewesen ist.«

»Dazu trägst du schließlich ordentlich bei«, erwiderte ich.

»Stimmt natürlich. Aber weißt du, wie lang die Wartelisten für diese Shows sind? Jeder will mitmachen. All diese Henks und Ingrids wollen beweisen, dass sie in irgendetwas Spitze sind: im Schreiben von Diktaten, im Tanzen oder einfach nur im Raten von Wörtern mit vier Buchstaben. Und alles nur, weil sie einmal bekannt sein wollen. Ein paar Euro bekommen sie natürlich auch. Und weil es so viele Shows gibt, ist jeder auch irgendwann einmal an der Reihe. Und dann sind alle wieder gleich. Außerdem«, er sah mich frech an, »lieben wir Spielchen.«

Das wusste ich nicht nur, in diesem Moment konnte ich es auch fühlen. Ton hatte seinen Arm um mich gelegt und gab sich nicht das kleinste bisschen Mühe, seine Hand auf meiner Schulter ruhig zu halten. Diese Szene hätte Astrid und Britta sicher brennend interessiert.

Wenig später bat Ton um die Rechnung und zog die Kreditkarte.

»Du lässt mich nicht selber zahlen? Damit zerstörst du mein Weltbild«, meinte ich.

»Ich weiß«, sagte er ungerührt.

Die Sonne war untergegangen, und auf dem Wasser war es nun doch ein wenig schattig. Wir tuckerten langsam zurück und Tons Arm landete merkwürdigerweise wieder genau da, wo er schon in dem ehrlichen Restaurant gewesen war. Es war mir nicht unangenehm.

Bei der Magere Brug, der mageren Brücke, die wie jeden Abend mit Hunderten von kleinen Lichtern romantisch beleuchtet war, drosselte Ton den Motor.

»Da vorne wohne ich«, erklärte er.

»Aha«, meinte ich in leicht fragendem Tonfall. Dass er mir nicht die Brücke zeigen wollte, die täglich Tausende Touristen knipsten, war mir klar. So ein dummes Blondchen war ich nun auch wieder nicht.

»Kommst du noch mit hoch … auf einen Kaffee?«, fragte er dann auch und sah mir tief in die Augen.

Ich überlegte. Dann lächelte ich ihn an und schüttelte den Kopf.

Er grinste bedauernd, wendete das Boot und setzte mich ein wenig später bei der Anlegestelle in der Nähe meiner Wohnung ab.

»*We bellen*«, rief ich ihm eine ganze Weile später zum Abschied zu.

Eigentlich heißt *we bellen* nur ›Man sieht sich‹, was ja meistens bedeutet, man sieht sich nicht. In diesem ganz speziellen Fall aber hatte ich beschlossen, ernsthaft über die Einladung zum Kaffeetrinken nachzudenken und Ton in den nächsten Tagen anzurufen.

Kapitel 16

Es war natürlich von vorneherein klar gewesen, dass Astrid und Britta sich nicht mit einer kleinen SMS abspeisen lassen würden. Die Damen wollten alle Details meines *afsprakje* wissen.

»Und, was ist passiert?«, fragte Astrid und hatte ein lüsternes Glänzen in den Augen.

Britta war noch mit ihrem Handy beschäftigt. »Warte noch eine Sekunde, ich muss meine Mails checken.«

Wir saßen draußen vor dem Café De Ysbreker an der Amstel. Der Fluss lag breit und träge vor uns, auf den Decks der Wohnboote hing die Wäsche. Die große Zugbrücke rechts von uns öffnete sich gerade wie eine überdimensionale Pastazange, um ein Segelboot durchzulassen.

»Nun sag schon. Wie war's?« Astrid wollte nicht länger darauf warten, dass Britta ihre Büroarbeiten erledigt hatte.

»Nett«, sagte ich.

»Nett? Wie nett?«

Ich zündete mir eine Zigarette an und nahm einen Schluck Prosecco. »Es kam zum Austausch von Zärtlichkeiten. Und das war gar nicht so übel. Dann hat er mich brav nach Hause gefahren.«

Britta legte ihr Handy zur Seite. Die E-Mails konnten warten. »Und was ist mit Kees?«

Sie kommt immer schnell zum Wesentlichen.

»Der weiß nichts davon. Das ist auch gut so. Wir sind

doch nicht verheiratet. Und das will ich auch gerne so halten.«

»Genau meine Devise«, sagte Astrid zufrieden. Sie prostete uns zu. »Wie geht's denn jetzt weiter? Habt ihr schon ein neues Date?«

»Ich denke noch darüber nach«, erwiderte ich.

Britta steckte ihr Handy in die Tasche, warf einen Blick in den Spiegel und stand auf.

»Siehste, ich hab's ja gewusst. Erst hast du gar keinen und jetzt zwei an der Backe.« Dann setzte sie diesen gewissen Mutterblick auf, als wollte sie mir sagen: Kind, vergiss den Fahrradhelm nicht. »Hauptsache, du verwechselst die beiden nicht.«

Astrid zog amüsiert die Augenbrauen hoch. »Wie wäre es mit einem direkten Vergleich? Lad sie doch beide zum Deutschlandspiel ein!« Sie sah uns fragend an. »Das sehen wir doch zusammen?«

Wir nickten. Selbstverständlich.

In absoluter Hochstimmung radelte ich nach Hause. Vielleicht lag es am Prosecco, oder es war die prickelnde Nachwirkung meines Abends mit Ton und die Vorstellung einer durchaus möglichen Fortsetzung. Sicherheitshalber schob ich meine gute Laune vor allem auf das wunderbare Wetter.

Meine Straße ähnelte einer italienischen Piazza. Die Nachbarn hatten Stühle und Tische auf den Bürgersteig gestellt, sogar Planschbecken für die Kinder, oder sie saßen mit ihren Laptops vor den Häusern und arbeiteten.

Am Abend werden sie dort auch fernsehen, dachte ich, als ich später zum Einkaufen fuhr. Es musste das Wetter sein, das mich so beschwingte.

Vor dem Supermarkt herrschte ein Andrang, als stünde eine siebenwöchige Belagerung bevor. Der Filialleiter hatte Absperrgitter aufgestellt, dahinter standen Dutzende von Kindern. Als ich an ihnen vorbeiging, riefen sie: »Haben Sie *Welpies*?«

Ich schüttelte bedauernd den Kopf. Es war, als würden die neuesten iPods gratis verteilt. Dabei ging es um nichts anderes als kleine Wuscheltierchen, die nur deshalb so besonders waren, weil sie in den Landesfarben Rot, Weiß, Blau und natürlich in Orange zu bekommen waren. Damit waren sie ein Ausdruck der bedingungslosen Liebe der Holländer zu ihrer Fußballnationalmannschaft. Und dann waren sie auch noch umsonst – mehr oder weniger, zumindest. Kaufte man für 15 Euro ein, bekam man an der Kasse einen dieser selbstklebenden Wuschelköpfe mit den rollenden schwarzen Plastikaugen.

Der Andrang überraschte mich, dabei hätte ich es wissen müssen. Es war schließlich Fußball-WM. Sobald ein internationales Fußballturnier läuft, setzt in Holland das Oranjefieber ein. Das gesamte Land färbte sich seit ein paar Tagen in einem rasanten Tempo orange. Alles, was verziert oder gefärbt werden konnte, musste dran glauben. Da konnten die *Welpies* nicht lange auf sich warten lassen. Denn das Oranjefieber ist immer auch mit einer ungeheuren Sammelwut verbunden.

Im *Welpie*-Rausch waren nicht nur die Kinder. Erst neulich hatte ich unseren Nachbarn, einen sonst recht zurückhaltenden Herrn mit Aktentasche, dabei beobachtet, wie er sorgsam das Armaturenbrett seines Autos mit *Welpies* beklebte. Auf der Hutablage hatte er einen Schal mit der Aufschrift ›*Hup Holland Hup*‹ drapiert. Das war sicher keine Aufforderung, wild zu hupen. Während Engländer etwa ihr Team mit *Go* vorantreiben, fordern die Holländer ihre Elf auf, zum Sieg zu hüpfen.

Selbst Theo war dabei, seine Fahrräder mit orangenen Wimpeln und Luftballons zu schmücken.

»Hast du *Welpies*?«, rief er mir zu, als ich vom Einkaufen zurückkam. »Meine Kinder geben ihre nicht her.«

Er wollte die Wuschels auf seinen Tresen kleben, obwohl da schon zu normalen Zeiten zwischen all den Ventilen und Lämpchen noch nicht einmal Platz fürs Kleingeld war.

Ich schüttelte bedauernd den Kopf. Ohne *Welpies* durfte auch ich nicht nach Hause kommen.

Dank kinderloser Freunde und Kollegen hatte Marten zwar bereits 45. Doch er wollte mehr. Also stockte ich in diesen Wochen, wie es sich für eine liebevolle Mutter gehörte, all meine Vorräte auf und hamsterte, als stünde ein monatelanger Streik der Supermärkte bevor. Und das alles nur, um an der Kasse so viele *Welpies* wie möglich zu bekommen, auch wenn sie einen Tag nach dem Finale im Mülleimer landen würden.

Dass erwachsene Menschen Plastiktüten sammeln oder Überraschungseier, hatte ich bisher als eine merkwürdige Marotte abgetan. Martens Onkel zum Beispiel hortete Zuckerstückchen.

»Was will er damit eigentlich? Er ist doch Diabetiker!«, hatte ich einmal zu Marten gesagt, als er meine Handtaschen nach Zuckerwürfeln aus dem letzten Italienurlaub durchwühlte.

»Nichts. Er sammelt sie eben«, meinte Marten, als sei das Sammeln von Zucker so selbstverständlich wie das von Picassos. »Und überhaupt«, er wies auf meinen zugegebenermaßen leicht überfüllten Schuhschrank, »du bist auch nicht besser.«

Diesen Vergleich musste ich natürlich weit von mir weisen.

»Ich ziehe alle Schuhe schließlich irgendwann einmal an, aber die Zuckerstückchen werden nie gegessen.«

Es gibt jedoch Sammler einer ganz anderen Dimension: Holländer im Oranjefieber. Es ist eine Epidemie, die vom Einzelhandel noch ordentlich geschürt wird.

In diesem Jahr lockte mich meine Reinigung mit einer kostenlosen orangefarbenen Mottenkugel für jeden Mantel, den ich vorbeibrachte. Zum Kasten Bier gab es ein orangenes Kleid, *one size fits all*. Und die Post verschenkte Vuvuzelas, wenn man sich einen Jahresvorrat Briefmarken zulegte. In keinem Land der Welt verdient der Einzelhandel so viel an völlig unnützem Fußballnippes. Ausgerechnet die Holländer, die sonst eher nicht zur Verschwendung neigen, können dann nicht an sich halten.

Marten stellte die neuen *Welpies* sorgsam auf die Fensterbank und begann nun auch, die Scheibe zu bekleben. Davor drapierte er nicht nur die holländische Fahne, sondern auch die deutsche. Das beruhigte mich ungemein. Daher verkniff ich mir sogar die Bemerkung, dass wir das Fenster auch noch öffnen mussten. Frische Luft war in diesen Wochen Nebensache.

»Betty hat angerufen. Wir sollen heute zum Kaffee kommen«, sagte Marten.

Sonst schäumte er nicht gerade über vor Begeisterung, wenn Tante Betty und Onkel Friso besucht werden sollten. In diesem Fall lag das anders.

»Sie haben eine ganze Tüte *Welpies* für mich!«

Das war eine deutliche Aufforderung, so schnell wie möglich dorthin zu fahren.

»Was hat sie genau gesagt? ›Zum Kaffee‹ oder ›auf einen Kaffee‹?«, fragte ich. Die Präposition ist nämlich überaus wichtig.

Holländer teilen ihren Tag nach Getränken ein. Das Getränk macht die Nennung eines Zeitpunktes überflüssig. *Koffietijd*, also Kaffeezeit, ist morgens gegen elf, *teetijd* nachmittags um vier, einen *borrel* trinkt man nach fünf und spät abends trifft man sich erneut auf einen Kaffee, dann allerdings *op de koffie*.

Die Kaffeezeiten habe ich nur ein einziges Mal verwechselt. Den peinlichen Fehler werde ich nie wieder vergessen.

»Wir sind bei meinem Bruder zum Kaffee eingeladen«, hatte mir mein Mann damals frohgemut mitgeteilt – zumindest hatte ich ihn so verstanden. Gegen halb vier nachmittags war ich ausgehfein, die Blümchen in der Hand, in der Vorfreude auf eine gute Tasse Kaffee und das dazugehörige Stückchen Torte.

Der Friese sah mich mit einem Blick totalen Unverständnisses an, als hätte ich ihm gerade eröffnet, dass ich unter einer Käseallergie litt.

»Wo willst du denn hin? Wir sind auf einen Kaffee eingeladen, *op de koffie*, also um 20 Uhr.« Und um jede Hoffnung im Keim zu ersticken, fügte er hinzu: »Nach dem Essen.«

»Normalerweise trinkt man den Kaffee doch nach einem opulenten Mahl«, merkte ich vorsichtig an und dachte an die langen Diners mit Espresso und Cognac aus meiner Genfer Zeit.

Ein wenig genervt, als müsse er mir so etwas Simples wie das absolute Halteverbot erklären, sagte er: »In Holland isst man um sechs, dann wird abgewaschen, und wenn alles wieder tipptopp ist, können Gäste kommen.«

Ich ahnte, dass ich mir das mit dem Cognac auch abschminken konnte.

Mein Schwager wohnte in einer dieser Neubausiedlungen, die sich vor allem durch die totale Gleichförmigkeit auszeichnen, als ob den Planern ein gigantisches Legoland vorschwebte. Dass sich ein Bürger ein Haus nach eigenen Wünschen entwerfen lässt, gilt allgemein als so exotisch, dass es ›wildes Wohnen‹ genannt wird und nur in abgelegenen Ecken gestattet ist.

Im Wohnzimmer war der Tisch bis auf die Fernbedienung leer.

»*Koffie*?«, rief Betty aus der Küche.

»*Lekker*«, antworteten wir.

In diesem Fall hieß das schlicht ›ja, gerne‹. Betty kam mit gefüllten Tassen herein und stellte sie vor uns auf den Tisch.

Friso, mein Schwager, begab sich bedächtig zum Wohnzimmerschrank und holte eine verbeulte Keksdose mit Blumenmotiv heraus.

»*Koekje*?«, fragte er und hielt mir die Dose hin. Darin lagen mehrere runde trockene Kekse, die ohne jegliche Verzierung auskamen. Kein Streuselchen Schokolade, kein Körnchen Zucker, geschweige denn etwas Waffelähnliches.

Ich meinte irgendeinen Aufdruck zu erkennen und nahm mir vor, beim nächsten Keks darauf zu achten. Dazu sollte es aber nicht kommen. Nach einer Runde schloss Friso die Dose sorgfältig und stellte sie zurück in den Schrank. Ein Keks musste reichen, so viel war klar.

Das galt aber nicht für einen Zweijährigen und schon gar nicht für Marten, der deutsche Kaffeetische gewohnt war mit Torten und Kekspackungen, die dort so lange stehenblieben, bis jeder genug hatte.

Mit einer im Zusammenstecken von Playmobilfiguren angeeigneten Fingerfertigkeit öffnete er den Schrank, nahm die Dose heraus, stellte sie triumphierend auf den Tisch und griff sich einen Keks.

Schweigen breitete sich aus.

»Sagt mal, erzieht ihr euren Sohn gar nicht?«, fragte mein Schwager fassungslos und sah mich an, als ob nur eine Deutsche ihr Kind zu einer solcher Völlerei anstiften konnte.

Wahrscheinlich fürchtete er um den sorgsam für die ganze Woche eingeteilten Keksvorrat. Ich lege meine Hand dafür ins Feuer, dass im Hause meiner holländischen Familie nie zuvor ein zweiter Keks zum Kaffee gereicht worden war, und das sollte auch nie wieder vorkommen.

Wir hatten diesen groben Erziehungsfehler nicht ausgemerzt. Das war auch nicht nötig. Marten lernte schnell. Bei all seinen kleinen Freunden gab es schließlich auch nur ein einziges Kekschen zum Saft. Manche seiner Freunde erzählten noch nach Jahren, dass sie bei uns zwei oder drei Stück Kuchen essen durften. Und sogar auch noch einen Negerkuss.

Auch diesmal wieder wurden wir nach dem Essen erwartet. Da war Marten sich ganz sicher. Und so klingelten wir abends um acht Uhr bei der Familie.

Über den gesamten Vorgarten war eine Leine mit orangefarbenen Wimpeln gespannt.

»*Gezellig*, nicht wahr?«, meinte mein Schwager, nachdem wir uns begrüßt hatten. »Das haben die Nachbarn organisiert. Die haben für das ganze Viertel im Baumarkt Fahnen eingekauft, das war billiger. Und es sieht auch ordentlicher aus, wenn wir alle dieselben haben.«

Im Wohnzimmer standen zwei kleine Fähnchen auf dem Fernseher, daneben saßen vier *Welpies*.

»Wir haben jetzt übrigens einen Alpenkreuzer«, sagte Friso stolz, als wir es uns gemütlich gemacht hatten.

»Aha. Einen Alpenkreuzer.« Ich nickte freundlich. »Und was ist das?«

Ich stellte mir eine Art Straßenkreuzer vor, mit dem Friso die Alpen überqueren wollte.

Friso sah mich verdattert an, als hätte ich ihn nach dem Vornamen der Königin gefragt.

»Na, wir haben ihn gegen unseren *kip* eingetauscht«, erklärte er, machte es mir damit aber auch nicht gerade leichter.

»Hattet ihr denn ein *kip*? Komisch, das ist mir nie aufgefallen«, erwiderte ich.

Normalerweise ist ein *kip* ein Huhn, doch es erschien mir rätselhaft, dass man ein Huhn gegen einen Straßenkreuzer tauschen konnte.

»Ein *kip* ist eine Wohnwagenmarke«, rief Betty aus der Küche. In all den Jahren hatte sie gelernt, dass nicht alle holländischen Kulturgüter auch einer Deutschen bekannt waren, zumal wenn sie nicht zur Familie der Campingfreunde gehörte.

»Und den *kip* haben wir nun durch einen Alpenkreuzer ersetzt. Das ist auch ein Wohnwagen«, fügte sie sicherheitshalber noch hinzu, als sie hereinkam und die gefüllten Kaffeetassen vor uns auf den Tisch stellte.

»Sind die auch neu? Von der Hema?«, fragte ich. »Die habe ich da noch nie gesehen.«

»Wir haben sie von Douwe Egberts.« Friso betonte den Namen des urholländischen Kaffeeproduzenten. Dessen

Produkte sind deshalb so begehrt, weil auf jeder Packung eine Wertmarke ist, die man sammeln und gegen Kaffee-Utensilien eintauschen kann. »Wir haben 12 000 Punkte gebraucht.«

12 000 Punkte entsprachen etwa 600 Packungen Kaffee. Bei einem durchschnittlichen Kaffeekonsum hatten sie für die sechs Tässchen wohl ungefähr 12 Jahre gespart. Friso und Betty mussten sehr viel Kaffee getrunken haben. Ich war beeindruckt. Denn die hohe Bedeutung der Kaffeepunkte des holländischen Rösters würde ich niemals wieder unterschätzen.

Das war nämlich ein weiterer grober Schnitzer in meiner ersten Zeit in diesem Land gewesen. Ich hatte eine leere Kaffeetüte achtlos in den Mülleimer geworfen. Entsetzt hatte mein Mann sie wieder herausgefischt: Ich hatte die Wertmarke mit 20 Punkten nicht ausgeschnitten. Am Ende unserer Ehe hatten sich 15 000 Punkte angesammelt, oder sechs Tassen und ein Löffel.

»Was habt ihr eigentlich mit euren Punkten gemacht?«, fragte Friso mit einem hoffnungsvollen Blick. War er auf einen kleinen Tausch aus: *Welpies* gegen Kaffeepunkte?

Bei der Aufteilung unseres Hausrates hatten wir tatsächlich nicht nur Teller und Töpfe, sondern auch die Kaffeepunkte, die ›Airmiles‹ und die Bonuspunkte des Supermarktes verteilen müssen.

»Die hat der Friese mitgenommen«, sagte ich. »Ich hatte schon genug Tassen.«

Friso nickte enttäuscht.

Ein Holländer hat ein Portemonnaie vom Ausmaß eines kleineren Handkoffers nötig, um alle Treuepunkte, Wertmarken und Kundenkarten zu verstauen. Niemals würden sie so ein Kärtchen oder eine Rabattmarke ablehnen, die ihnen nach 14 Jahren Treue das Recht auf ein hübsches Gästehandtuch mit Firmenlogo verspricht. Der Verlockung, etwas gratis zu bekommen, können Holländer eben einfach nicht widerstehen.

Nun war es Zeit für den Keks. Friso begab sich zum Wohnzimmerschrank und holte die Keksdose hervor.

»*Koekje*?«, fragte er.

Als er die Dose wieder im Schrank verstaute, warf er Marten einen misstrauischen Blick zu. Doch der war mit dem Zählen seiner *Welpies* beschäftigt.

Nichts hat sich verändert, dachte ich. Mochte China inzwischen eine Weltmacht sein, das Klima kollabieren und die Finanzmärkte zusammenbrechen – eines blieb: Der Holländer reicht einen Keks zum Kaffee. Komischerweise gab mir das ein beruhigendes Gefühl.

»Schade, dass wir uns jetzt so selten sehen«, sagte Betty. Wahrscheinlich hatte sie meinen leicht sentimentalen Blick bemerkt. »Backst du immer noch so viel? Deine Torten waren ja wunderbar.«

Ich nickte.

»Und vermisst du nicht auch die Geselligkeit bei den Geburtstagen?«

Ich kaute noch an meinem Keks und musste daher nicht antworten. Seit meiner Trennung war mein Terminkalender tatsächlich deutlich leerer geworden, wenn man mal davon absah, dass ich mich in der letzten Zeit nun häufiger mit jemandem zu einem Käsebrot, Abendessen oder Kopfstoß traf.

Aber da ich meine holländische Exfamilie nicht mehr so oft sah, hatte ich andererseits auch nicht mitbekommen, dass mein Schwager nun einen Alpenkreuzer besaß.

»Mein Bruder Jan hat jetzt eine deutsche Freundin. Die

backt auch so viel wie du«, erzählte Betty sichtlich erfreut. »Sie haben sich in Frankreich kennengelernt, im Urlaub.«

»Wenn das mal gut geht«, sagte Friso. Er warf mir einen Blick zu und sah sehr besorgt aus.

»Wie lange sind sie denn schon zusammen?«, wollte ich wissen. Schließlich konnte ich mich nach all meinen Recherchen mit Recht eine Expertin in deutsch-niederländischen Beziehungen nennen.

»Seit acht Monaten. Karin will jetzt auch hierherziehen, und sie wollen heiraten.« Betty strahlte.

»Nach acht Monaten stehen die Chancen gut. Dann haben sie *Sinterklaas* und Weihnachten ja schon hinter sich.« Und wahrscheinlich auch schon zehn Geburtstage, fügte ich im Stillen hinzu.

Friso runzelte die Stirn. »Weihnachten ist sie zu ihren Eltern gefahren, und an meinem Geburtstag war sie auch nicht da«, sagte er.

»Ist sie denn Fußballfan?«, mischte sich plötzlich Marten ein.

Seine Tante und sein Onkel sahen ihn verdattert an. Sie wussten zwar, dass er jedes Weltproblem wie eine gigantische Abseitsfalle betrachtete, aber dass man auch die Haltbarkeit einer Liebe den FIFA-Regeln unterwerfen konnte, war ihnen neu.

»Na ja«, erklärte er, »bei der WM kann es zwischen Deutschen und Holländern schon heftig werden. Aber Deutschland und Oranje können höchstens im Finale aufeinandertreffen.«

Friso und Betty waren erleichtert.

»Wie kommst du denn darauf?«, fragte ich ihn verblüfft. »Unsere Wohnung ist ja schließlich bei einer WM oder EM nicht gerade zu einem Stalingrad geworden.«

»Du bist ja auch keine echte Deutsche«, meinte mein Sohn. »Ohne mich hättest du bis heute noch nicht einmal eine deutsche Fahne.«

»Nur, weil ich hier nirgendwo eine kriegen konnte.«

Die Fahne samt Fanpaket hatte er sich erst aus Deutschland schicken lassen.

»Aber du hast sogar ein orangenes Shirt und eine orangene Strumpfhose!«, trumpfte er auf.

Da war etwas dran. Der Stapel orangefarbener Klamotten in meinem Schrank wurde jedes Jahr größer.

»Erstens gab es die gratis zum Waschmittel«, rechtfertigte ich mich, »und zweitens kann ich die am *koninginnendag* gut gebrauchen.«

Im Prinzip hat Marten natürlich recht, dachte ich später am Abend. Jedes internationale Fußballturnier wird zur Prüfung einer deutsch-holländischen Liebe. Daher hatte ich auch absolut nicht die Absicht, das nächste Spiel der deutschen Mannschaft gemeinsam mit Kees anzusehen, und schon gar nicht mit ihm und Ton. Auch wenn Astrid das sehr spannend gefunden hätte. Schließlich soll man es nicht übertreiben.

Kapitel 17

Das nächste Mal traf ich Kees ein paar Tage später bei Het Loosje auf dem Nieuwmarkt. An den Fenstern der Kneipe flatterten orangene Wimpel und innen waren drei große Videoschirme aufgestellt.

»Du hast ja einen *Welpie*!«, bemerkte er erstaunt und deutete auf den orangenen Wuschel, den ich um meine Tasche gewickelt hatte. »Bist du zu Oranje übergelaufen?«

»Reine Vorsichtsmaßnahme«, erwiderte ich. »In diesen Zeiten ist es besser, wenn ich mich nicht als Deutsche oute.«

Kees rückte seinen Stuhl näher zu mir und drückte mich an sich. »Ist es so schlimm?«

Nun war ich zwar nicht auf einmal wie eine Aussätzige gebrandmarkt, aber ein wenig Übertreibung konnte ja nicht schaden, zumal wenn dies zu kleinen Zärtlichkeiten führte.

»Jetzt sehen mich alle nur als die Deutsche, als potentiellen Gegner, als ob ich Schweini wäre. Aber wenn sie dann den *Welpie* sehen, sind die Leute gleich viel freundlicher.«

Leider brachte uns meine Klage nicht noch ein Stückchen näher zueinander.

»Da musst du durch«, sagte er lapidar. »Und so lange dauert es ja auch wieder nicht.«

Er räusperte sich.

»Sag mal …« Nun rückte er sogar wieder weiter weg, es

sollte wohl eine seriöse Mitteilung kommen. »Hast du am Wochenende schon was vor? Meine Schwester feiert ihren Geburtstag, und ich dachte, vielleicht hast du Lust mitzukommen.«

Mir stockte der Atem. Um Zeit zu gewinnen, griff ich nach einer Zigarette. Das tat ich sonst nie, wenn Kees dabei war. Schließlich wusste ich nicht, ob er Nikotinküsse köstlich findet. Aber dies war ein Notfall.

»Oh, danke für die Einladung.« Ich bemühte mich um einen freudig überraschten Gesichtsausdruck. »Aber ich weiß nicht genau … Ich glaube, da habe ich schon was vor. Ich muss im Kalender nachschauen.«

Ich legte meinen Arm um ihn, als kleiner Trost. Es schien ihm zu gefallen.

»Und morgen Abend? Wollen wir das nächste Deutschlandspiel zusammen ansehen? Bei mir in der Gegend gibt es eine nette Kneipe.«

»Daraus wird leider nichts«, sagte ich mit fester Stimme. »Ich treffe mich mit den deutschen Damen. Und ich glaube, es ist ohnehin besser, wenn ich das Spiel nicht mit Holländern sehe.«

Kees nickte verständnisvoll. »Du hast recht. Aber vielleicht danach?«

»Kommt drauf an, wie das Spiel ausgeht«, meinte ich.

»Ich verstehe«, sagte er und wünschte mir viel Erfolg, als hinge der Einzug ins Finale allein von meiner Form ab. Und dann drückte er mich doch noch ganz fest – so fest, dass der *Welpie* es leider nicht überlebte.

So sehr hatte ich gar nicht übertrieben: Bei jedem großen Fußballturnier werde ich automatisch nur noch als Deutsche und als potentieller Gegner angesehen. Ich muss noch nicht einmal eine schwarz-rot-goldene Fahne aus dem Fenster hängen oder mein Fahrrad mit Ballack-Aufklebern verzieren.

Auch wenn beide Länder nicht einmal gegeneinander antreten, sind 16 Millionen Holländer der festen Überzeugung, dass sie nur einen einzigen Gegner haben: die deutsche Nationalmannschaft. Und das hat alles mit jenem magischen Jahr 1974 zu tun. Jeder Deutsche, der in die Niederlande kommt, sollte dieses Datum kennen, und wenn er es nicht tut, dann macht das gar nichts. Er wird es schnell lernen und nie wieder vergessen.

Ich weiß es noch genau. Ich wohnte noch nicht sehr lange in Amsterdam, als mich der Friese einmal klagend ansah.

»1974«, sagte er mit bedeutungsschwerer Stimme.

Ich schaute ihn so verständnislos an, als hätte er mir von einem neuen südkoreanischen Suppengewürz erzählt.

Dieses historische Datum war mir während des Geschichtsunterrichts völlig entgangen. Dabei musste ich es sogar selbst miterlebt haben. Nun bin ich als anständig erzogene Deutsche immer sehr schnell und gerne bereit, die Last der Verantwortung für jede Art von deutschem Unheil auf mich zu nehmen. Aber diese Jahreszahl sagte mir absolut nichts.

»Damals«, erklärte er, und seine Stimme klang sehr ernst, »damals habt ihr uns den Weltmeistertitel gestohlen! Der Elfmeter war nicht gerechtfertigt. Das Foul an Hölzenbein in der 25. Minute war eine saubere Schwalbe.«

Als ich immer noch nicht die Tragweite dieses Vorfalls zu erfassen schien und weiterhin ein Muster an Ahnungslosigkeit war, sagte er leicht schnippisch: »Ja, ja, so tut ihr immer: Wir haben es nicht gewusst.«

1974 ist das vielleicht größte Trauma der Niederländer, noch größer als die spanische Besatzung im 17. Jahrhundert und, wie böse Zungen behaupten, sogar größer als der Zweite Weltkrieg. Dass das sogar erblich ist, wurde mir spätestens in dem Moment klar, als mir selbst Marten denselben unbeschreiblich vorwurfsvollen Blick zuwarf und dabei nur »1974« sagte. Damals war er vier Jahre alt.

Die Revanche 1988, als Oranje die Deutschen im Halbfinale nach Hause schickte und dann auch noch Europameister wurde, half nicht, das Trauma zu verarbeiten. Ein Europatitel ist eben nichts im Vergleich zum Allerhöchsten: die Besten der Welt zu sein.

Es ist, als würden sie damit ein für alle Mal ihren Calimerokomplex überwinden können. Und am besten gelänge das sicher in einem Finale gegen die Deutschen.

Und nun drohte es bei dieser WM wieder so weit zu kommen. Mit jedem weiteren holländischen und deutschen Sieg stieg die Chance, dass die Nationalelf gegen Oranje antreten sollte, und damit erhöhte sich auch die Spannung im Lande.

Es war ausgeschlossen, dass wir das bevorstehende Halbfinale Deutschland gegen Spanien gemeinsam mit Jan und Hetty und den Kindern sehen konnten. Das hatten Hetty und ich entschieden, als wir uns zufällig im Supermarkt vor den Haushaltsreinigern getroffen hatten.

»Wollen wir nicht unseren *borrel*«, hatte ich in meiner Naivität vorgeschlagen, »mit dem Fußballspiel verbinden?«

Auf ihren Gesichtszügen machte sich Panik breit.

»Das ist keine so gute Idee«, meinte sie. »Wenn ihr im Halbfinale gegen Spanien gewinnt, dann ist es wieder so weit.«

Selbst Hetty – obwohl sie sich ungefähr genauso viel für Fußball interessiert wie Marten für Barbiepuppen – wusste, dass dann eine Wiederholung des WM-Finales von 1974 bevorstand, und das verhieß nichts Gutes.

»Das wird eine Katastrophe«, fügte sie dumpf hinzu. »Denn das gewinnt ihr natürlich.«

Jedem Niederländer ist natürlich die weise Erkenntnis des englischen Fußballers Gary Lineker so geläufig wie die erste Zeile der Nationalhymne: ›Fußball ist ein simples Spiel. 22 Männer rennen 90 Minuten lang hinter einem Ball her, und am Ende gewinnt Deutschland.‹

»Und dann haben wir noch so ein Trauma«, meinte Hetty betrübt.

Eines war klar: Gesellig würde dieser Abend nicht werden. Deprimiert starrten wir auf die WC-Reiniger. Es war ausgeschlossen, dass wir das Spiel gemeinsam sehen konnten. Einen unbeschwerten *borrel* würde es erst dann wieder geben, wenn der Spuk vorüber war.

An jenem Abend stand dort auf dem Rasen von Durban also weit mehr auf dem Spiel als der Einzug ins Finale und damit eine Fortsetzung des deutschen Sommermärchens.

Jahrelang hatten auch mir solche Fußballereignisse herzlich wenig ausgemacht. Ich konnte mich unschuldig mit Mann und Sohn über jeden Sieg der holländischen Mannschaft freuen. Doch spätestens während des ersten deutschen Sommermärchens, der WM von 2006, hatte ich eine gewisse Vorliebe für die deutsche Mannschaft entwickelt.

Wir besaßen nun sogar einige deutsche Fanartikel. Im Vergleich zum Oranje-Überlebenspaket war das natürlich so mager wie ein Müsliriegel im Vergleich zu einer

Gänseleberpastete. In unseren Schränken hatte sich im Laufe der Jahre ein riesiger Vorrat an orangenen T-Shirts, Fahnen, Hüten und nicht zu vergessen *Welpies* angesammelt.

›Oranje ist Wahnsinn‹, hatte ja schon Vincent van Gogh gesagt, als ob er geahnt hätte, wozu seine Landsleute in der Lage sein sollten. Sie setzen sich orangene Holzschuhe aus Schaumstoff auf den Kopf, wischen sich den Hintern mit orangenem Klopapier ab und färben sogar ihr Bier orange. Ganze Häuserfassaden verhüllen sie mit orangefarbenen Plastikplanen. Die Huren tragen orangefarbene Lingerie, die Neugeborenen werden in orange Strampelanzüge gehüllt, und schon in der Gruppenphase ist in den Krankenhäusern der orangefarbene Gips vergriffen.

Wenn sich die Oranje-Paraphernalia besonders gut verkaufen sollen, dann müssen sie auch einen Bezug auf das Debakel von 1974 haben. So schmücken sich manche Holländer gerne mit Plastikhelmen nach dem Modell des deutschen Stahlhelms aus dem Zweiten Weltkrieg, in *oranje* natürlich. Manche legen sich auch eine *Hei-Mat* auf die Türschwelle, als könne man auf einer schwarzrot-goldenen Fußmatte die mit Hundedreck beschmutzten Schuhe mit noch größerem Vergnügen abwischen.

Der holländische Einzelhandel weiß eben genau, dass man mit dem Oranjefeind Nummer eins noch mehr Geld verdienen kann als mit der Liebe zur eigenen Mannschaft.

»1974 wurde der Zweite Weltkrieg wieder eröffnet«, hat mir mal mein holländischer Kollege Max gesagt.

Von kurzen Oranjefieber-Attacken wird das Land aber auch zu anderen Zeiten erfasst. Wenn zum Beispiel ein internationaler Eisschnelllaufwettbewerb ansteht oder ein Holländer in irgendeinem britischen Pub die Pfeile besser in eine Scheibe schmeißen kann als ein Brite. Doch das alles ist nichts gegen ein Fußballturnier. Dann geht es eben um alles. Fußball hat auch nichts mit einem Spiel zu tun, das wird schon in der Sprache deutlich. *Voetballen* ist ein Verb wie essen und atmen.

Es war klar, dass ich als Fan der deutschen Elf ein Spiel derselben nur mit unverdächtigen deutschen Fans sehen konnte: meinen Freundinnen Astrid, Britta und Dieuwke. Das Spiel sollte in einem Club im Westen der Stadt übertragen werden. Dieuwke holte mich ab. Sie hatte ihr Auto mit allen möglichen orangenen Attributen geschmückt.

»Eine reine Vorsichtsmaßnahme«, sagte sie auf meinen fragenden Blick. »Ich habe ein Berliner Kennzeichen. Und in diesen Wochen kann man nicht vorsichtig genug sein. Ein deutsches Auto zu demolieren fällt nämlich unter die Rubrik Kollateralschaden.«

Sie parkte direkt vor dem Club 8. Der war im ersten Stock einer ehemaligen Schule untergebracht, eingepfercht zwischen etwas heruntergekommenen Wohnblocks mit Dutzenden von Satellitenschüsseln an den Fenstern. Die großen Räume, in denen sonst getanzt und Billard gespielt wurde, waren zu einem deutschen Bierzelt umgebaut worden.

Deutsch hieß in diesem Fall bayerisch. Passend zum Anlass hatten sich die Kellner in Dirndl und Lederhosen gehüllt, an der Decke hingen weiß-blaue Wimpel, aus den Boxen dröhnte ein Medley von Alpengejodel und Heino, der Duft von Bratwurst mit Sauerkraut zog durch den Raum. Und das bei 35 Grad im Schatten.

Wahrscheinlich hatte der Wirt gedacht, er könne mit

deutscher Gemütlichkeit trotz der Hitze zumindest die deutschen Fußballfans zu sich locken. Die Rechnung war aufgegangen. Die Stühle waren gut besetzt, und um die kolossalen Videoschirme standen schon Dutzende von Zuschauern.

In unserer Runde war ein Neuer: Harry. Britta hatte ihn zufällig im Kino kennengelernt und mitgebracht.

»Endlich mal ein Mann auf Augenhöhe«, hatte sie gesagt.

Er hatte sich artig vorgestellt und dann für uns alle Bier geholt.

»Nett«, meinte Astrid ironisch, während sie ihn musterte, von den dunklen, ordentlich frisierten Haaren über das Deutschlandtrikot und die Bermudas bis zu den Schuhen: schwarze Gesundheitssandalen.

»Das könnte eine größere Erziehungsaufgabe werden«, sagte sie zweifelnd.

»Falls es überhaupt so weit kommt«, entgegnete Britta.

Ich gebe zu, dass ich fanatisch werden kann, sobald der Schiedsrichter das Spiel anpfeift. Nun aber war ich mit meinen Gedanken nicht ganz bei der Sache. Es stand immerhin eine schwerwiegende Entscheidung bevor.

»Kees hat mich zum Geburtstag seiner Schwester eingeladen«, sagte ich dumpf.

Meine Freundinnen sahen mich teilnahmsvoll an.

»Ah, dann wird es also ernst«, sagte Dieuwke.

»Wieso?«, meldete sich Harry zu Wort. »Eine Geburtstagsparty, das klingt doch gut.«

Harry wohnte noch nicht lange in Holland und war noch nicht in die kulturellen Feinheiten eingeweiht. Britta betrachtete ihn mit einem gönnerhaften Blick, der nur bedeuten konnte: ›Wart's nur ab, Freundchen, das erlebst du auch noch.‹

»Eigentlich ist es sogar noch komplizierter«, gab ich zögernd zu. »Ich muss mich entscheiden: Kaffee bei Ton oder der Geburtstag mit Kees.«

Astrid lächelte süffisant und meinte nur: »So, so. Du hast ihn also angerufen.«

Ich nickte. »Wir haben uns locker für den Freitag verabredet.« Kees hatte ich davon natürlich nichts erzählt.

»Dann natürlich Kaffee«, sagte sie bestimmt. »Das wird dir nur guttun.«

Die anderen nickten zustimmend.

Harry guckte uns verblüfft an. »So eine Party ist doch viel lustiger«, sagte er.

Wir tauschten wissende Blicke und beschlossen stillschweigend, ihn nicht weiter aufzuklären. Man muss einem Mann schließlich nicht alles erklären.

Dieuwke hatte schließlich doch Erbarmen mit dem Neuling.

»Zu so einer holländischen Geburtstagsfeier zu gehen«, sagte sie, »das ist schon fast wie eine Verlobung. Und ob das eine tolle Party wird, ist sehr die Frage.«

»Das mit der Verlobung ist schamlos übertrieben«, meinte ich. »Aber etwas Besonderes ist es schon. Weißt du noch, Harry, wie du deine erste Freundin mit nach Hause genommen hast? Mein Vater hat meinem Freund damals die tödliche Frage gestellt: ›Was macht denn Ihr Vater?‹ Und dabei hat er ungerührt sein Leberwurstbrot geschmiert.«

»Das ist ja wohl schon eine Weile her. Wir sind doch alle schon älter, und unsere Väter sind längst in Rente«, sagte Harry begriffsstutzig.

Doch so leicht ließ ich mich nicht abschmettern.

»Ach, da hat sich doch nichts geändert. Dieuwke zum Beispiel hat uns noch immer nicht ihren deutschen Lover vorgestellt. Liegt das daran, dass er sieben Goldkettchen trägt und einen Schnurrbart?«

Dieuwke schüttelte heftig den Kopf.

»Oder hat er Angst, dass wir ihn nach seinem Gehaltsstreifen fragen?«

Jetzt mischte sie sich doch ein. Sie hatte als Holländerin natürlich eine viel größere Autorität in Sachen hiesiger kultureller Eigenartigkeiten als ich.

»Der holländische Geburtstag ist ein Klassiker. Zu so einem Geburtstag in der Familie wird nämlich nicht jeder x-Beliebige zugelassen. Und wenn du deine neue Flamme mitbringst, dann zücken alle im Geiste schon ihren Terminkalender, um das Hochzeitsdatum zu notieren.«

Harry sah aus, als sei er im falschen Film gelandet.

»Und dann kann so ein Abend sehr lang werden«, sagte ich noch und wir wandten uns den Ereignissen auf den Videoschirmen zu.

Doch ich grübelte noch ein bisschen vor mich hin.

Wenn ich mit Kees zu einer solchen Feier gehen würde, dachte ich, hätte ich einen besonderen Status. Und ich war mir absolut nicht sicher, ob ich den wollte. Ich hatte schließlich mehr als genug Erfahrung mit den Verpflichtungen, die ein geselliges holländisches Familienleben mit sich bringt. *Sinterklaas* etwa und noch mehr Geburtstage.

Außerdem hatte ich es als Single durchaus nett. Knapp ein Jahr nach der Fritteusendebatte mit Hetty fand ich, dass mein Leben auch nach holländischen Maßstäben durchaus als gesellig gelten konnte. Auch wenn ich noch immer keine Fritteuse hatte. Andererseits sollte man sich ja auch neuen Bindungen nicht verschließen. Dann aber würde ich mich den lokalen Gebräuchen eben anpassen müssen.

»Du brauchst das nicht so eng zu sehen«, sagte Britta in der Halbzeitpause. »Schau dir die Sippe doch einfach mal an. Vielleicht wird es ja ganz nett.«

»Warum muss er mich ausgerechnet jetzt einladen, während der WM? Stell dir vor, Deutschland gewinnt heute, dann stehen wir im Finale gegen Holland. Ich sage nur 1974. Eine ganze Geburtstagsgesellschaft wird nur durch meine Anwesenheit an das Trauma erinnert.«

»Und wenn Deutschland verliert, dann musst du die Schadenfreude ertragen«, ergänzte Dieuwke.

»Vielleicht hast du einfach eine Migräne?«, schlug Astrid vor. Sie hatte im Laufe ihrer Ehe aus unerklärlichen Gründen immer dann heftige Kopfschmerzen bekommen, wenn ihr Mann zu einer Geburtstagsfeier in seiner Familie aufbrechen wollte.

Zu Beginn der zweiten Halbzeit und nach einem weiteren großen Bier hatte ich beschlossen, meine Entscheidung vom Verlauf des Spiels abhängig zu machen. Sollte Deutschland gegen Spanien gewinnen, würde ich Astrids Rat befolgen und eine schlimme Migräne bekommen. Im anderen Fall, an den ich nicht denken wollte, würde ich zusagen, ganz unverbindlich natürlich.

Schadenfreude bei einer deutschen Niederlage wäre sicherlich leichter zu ertragen als einen Abend lang vorwurfsvolle Blicke. Mein Schicksal lag also in den Händen, besser gesagt in den Füßen der deutschen Nationalmannschaft.

Auf dem großen Videoschirm tat sich was. Eine gelungene Aktion von Podolski. Wir jubelten, zumindest kurz. Und nicht nur wir. In dem Club standen gut und gerne hundert Menschen vor den großen Bildschirmen.

Die Deutschen aber waren in der Minderheit. Wir sahen uns verblüfft an. Holländische Männer, die eine deutsche Aktion bejubelten? Das war eine Sensation.

»Ist doch klar«, meinte Dieuwke. »Jetzt sind wir für Deutschland. Wie sollen wir jemals das Trauma überwinden, wenn es wieder nicht zum klassischen Finale kommt?«

Doch in Durban ging es schief, wir waren draußen.

»Nächstes Mal!«, sagte ein Holländer aufmunternd zu uns. Wahrscheinlich war es auch ein kleiner Trost für ihn selbst.

Irgendetwas hatte sich deutlich verändert, und das half uns über die Trauer hinweg. Die Feindschaft auf dem grünen Rasen hatte nicht länger etwas mit uns zu tun.

»Das ist die neue deutsch-holländische Liebe«, meinte Britta versonnen. »Sogar beim Fußball.«

Ich war immer noch fassungslos. »Stellt euch mal vor, Louis van Gaal würde auch noch Trainer der deutschen Nationalmannschaft. Dann wäre Deutschland gegen Holland nur noch ein Lokalderby, so wie St. Pauli gegen den HSV.«

Schließlich hatte er als Bayerntrainer ja auch schon die deutsche Sprache mit so wertvollen Ausdrücken wie ›Feierbiest‹ bereichert.

»Das wird nie geschehen«, sagte Dieukwe.

Und tatsächlich erklang erst leise, dann immer lauter der Freudengesang der Holländer: »Schade, Deutschland, alles ist vorbei!«

Nicht nur in Durban war die Entscheidung gefallen, sondern auch im Club 8 in Amsterdam-West: Ich konnte mich vor dem Geburtstag nicht mehr drücken.

»Du musst dich doch gar nicht entscheiden«, meinte Astrid später. »Du kannst ja beides haben. Geburtstag und Kaffee. Erst der Geburtstag, und wenn es öde ist, kriegst du eine Migräne und musst gehen. Und dann kannst du immer noch mit Ton Kaffee trinken oder etwas anderes tun. Sei ein bisschen kreativ!«

Das ist tatsächlich eine mögliche Alternative, dachte ich. Und noch nicht einmal eine schlechte.

Kapitel 18

So ein holländischer Geburtstag ist ein Ereignis, das man nie wieder vergisst, und jeder Ausländer erinnert sich noch genau an sein erstes Mal. Es ist wie mit bedeutenden historischen Ereignissen wie dem 11. September oder dem Fall der Mauer: Jeder weiß noch genau, wo er war und was er tat.

Mein erstes Mal war am 28. Mai 1994, es war ein Samstag. Wir waren zum Geburtstag meines Schwagers Friso eingeladen. Es war ein Treffen, das mich dunkel an Gemeinderatssitzungen von Bad Vilbel erinnerte. Schon damals war ich als kleine Volontärin daran gescheitert, daraus eine packende Story zu machen.

Von 20 bis 23 Uhr 30 saß ich auf einem harten Stuhl in einem Kreis mir unbekannter Menschen bei einer Tasse Kaffee. Diese Szene sollte sich in den kommenden Jahren mehrfach wiederholen. Immer saß ich in demselben Kreis, oft auf demselben harten Stuhl, neben denselben Menschen. Nur der Kaffee wurde jedes Mal frisch aufgebrüht.

Um ein Missverständnis auszuräumen: Ich habe überhaupt nichts gegen Geburtstage. Ich bin sogar ein echter Familienmensch. Doch jede Art von Verpflichtung mindert meine Partylaune erheblich.

Holländische Geburtstage gehören aber nun mal zu den so geliebten Geselligkeitsanlässen, denen man sich einfach nicht entziehen kann. Dass man sich in anderen Ländern mit einem schönen Essen mit seinem Liebsten oder einem netten Sektfrühstück mit den Freundinnen feiern lässt oder einfach die Decke über den Kopf zieht, steht hierzulande überhaupt nicht zur Debatte. Im Gegenteil. In Holland muss ein Geburtstag gefeiert werden, und zwar am liebsten mit der ganzen weitläufigen Familie.

Darauf aber war ich nicht vorbereitet gewesen. Meine holländische Familie umfasste zwei Schwager, zwei Schwägerinnen und insgesamt sechs Neffen und Nichten, dazu zwei Tanten, drei Onkels und eine mütterliche Freundin. Das machte pro Jahr 16 Geburtstage.

Und es wurden immer mehr. Neffen und Nichten heirateten, bekamen Kinder. Deren Geburtstage mussten ebenfalls gefeiert werden, und zwar nicht nur mit einem Kinderfest, sondern auch mit einem für ›große Menschen‹.

Manchmal konnte ich einen dringenden Abgabetermin vorschieben. Selten war ich so froh über die ungewöhnlichen Arbeitszeiten, die es in meinem Beruf nun einmal gibt, wie in solchen Momenten. Ab und zu konnte ich auch einen schlimmen Anfall von Heuschnupfen vortäuschen. Aber dennoch blieb ein gutes Dutzend Geburtstage übrig.

Geburtstagsfeiern sind so selbstverständlich, dass eine ausdrückliche Einladung schon fast überflüssig ist. Auch ich musste mich dem beugen. Egal, ob ich überhaupt feiern wollte, dass ich schon wieder ein Jahr älter geworden war, meine holländische Familie stand immer vor der Tür.

An all das wurde ich täglich mehrfach erinnert. Immer wenn ich auf dem Klo saß. Auf jedem holländischen Klo hängt nämlich, strategisch günstig, der Geburtstagskalender.

Im vergangenen Jahr hatte mir der Blick auf den Kalender ein gewisses Vergnügen bereitet. Denn all die Kreuzchen mit Namen wie Friso, Betty, *tante* Aaltje und *oom* Olivier hatten für mich keinerlei Konsequenzen mehr. Kein Mensch erwartete, dass ich noch zu der Feier erschien. Auf neue Namen in dem Kalender konnte ich getrost verzichten.

Doch an diesem Freitag war es wieder so weit. Ich sollte mit Kees zum Geburtstag seiner Schwester Maaike gehen. Kees' Schwester wohnte eine gute Autostunde von Amsterdam entfernt in einem kleinen Dorf mitten in einem Polder. Also nicht unbedingt ein Ort, zu dem ich selbständig mit dem Fahrrad hinkommen beziehungsweise, und das war noch viel entscheidender, von dem ich jederzeit wieder weg konnte. Astrids Alternative fiel also flach.

Marten hatte gleich abgewunken, als ich ihn gefragt hatte, ob er mitkommen wolle.

»Es ist doch Freitag, da gehen wir frittieren«, sagte er.

»Entweder gehen wir oder wir frittieren«, verbesserte ich ihn automatisch. Es war einer meiner vergeblichen Versuche, meinem Sohn die Feinheiten der deutschen Grammatik beizubringen.

»Egal, auf jeden Fall geh ich zu Jan und Hetty.«

Unser traditioneller Freitagabend-*borrel* würde nun ohne mich stattfinden, und das hob meine Stimmung nicht gerade.

Hetty zog überrascht und ein wenig amüsiert ihre sorgsam gezupften Augenbrauen hoch, als ich Marten ablieferte.

»*Zo, zo*«, sagte sie nur, »hab ich es doch gewusst, dass

da was läuft bei dir. Interessant. Das wird sicher gesellig.«

»Sicher«, meinte ich abwesend und starrte verlangend auf die *bitterballen*.

»Es wird also ernst. Dann wird es aber Zeit, dass wir ihn auch mal kennenlernen.«

Gegen acht Uhr trafen wir bei der Familie von Kees ein. Es war ein hübsches Einfamilienhaus aus rotem Backstein im Stil der 30er Jahre. So alt war es natürlich nicht. Denn dies war neues Land, dem Meer abgerungen. Hier war nichts älter als 40 Jahre. Die breiten ruhigen Straßen der kleinen Siedlung waren mit orangenen Fahnen verziert, im Vorgarten von Maaikes Haus stand bereits ein halbes Dutzend Fahrräder. Wir waren also nicht die ersten Gäste.

»*Gefeliciteerd*«, begrüßte uns ein dicklicher Mann, der sich als Kees' Schwager Joep vorstellte.

›Herzlichen Glückwunsch‹ bedeutete das. Nun war es nicht etwa so, dass man mir zu irgendetwas gratulieren musste. Doch bei einem holländischen Geburtstag steht nicht das Geburtstagkind im Mittelpunkt, sondern die Festgesellschaft. Daher beglückwünschen auch alle Gäste einander zu diesem vortrefflichen Ereignis.

Eine spanische Kollegin hatte mir mal erzählt, dass sie bei ihrem ersten Mal mit *proficiat* begrüßt wurde, als sie ihre Runde machte. Irgendwann dachte sie sich: »Komisch, hier haben ja viele Leute denselben Nachnamen!«

Im Wohnzimmer waren rund um den Couchtisch herum Stühle in einem Kreis aufgestellt. Es sah so aus, als wäre alles aus Küche, Garten und Dachboden zusammengesucht worden, was vier Beine hatte. Auf dem Tisch standen ein paar Schälchen mit Nüssen.

Die meisten Stühle waren schon besetzt, zehn Menschen zählte ich. Wir machten unsere Begrüßungsrunde. Man sollte nicht denken, dass das so simpel wäre. Es gehört sich nämlich nicht, nur den Glückwunsch auszusprechen, sondern man muss dabei gleichzeitig die Beziehung des Gegenübers zu dem Geburtstagkind deutlich machen. Also ›Herzlichen Glückwunsch zu deiner Schwester‹, deiner Tante, deiner Tochter und so weiter.

In modernen Patchworkfamilien wird das natürlich schnell problematisch. Wie soll man etwa die Freundin der Stiefmutter des Geburtstagskindes begrüßen?

Rund um den Tisch saßen Maaikes zwei Söhne mit ihren Freundinnen, zwei Schwager mit ihren Frauen, eine alte Tante und eine Kusine zweiten Grades, die extra aus Groningen angereist war.

»Joke«, stellte sich die Frau mit den etwas zu rot gefärbten Haaren und der ockergelben Caprihose vor. »Herzlichen Glückwunsch …« Sie stockte und sah mich fragend an.

»Ich bin eine Freundin von Kees«, half ich ihr und betonte das ›eine‹.

»Oh«, erwiderte sie, »herzlichen Glückwunsch zur Schwester deines Freundes.«

Maaike kam aus der Küche, in den Händen zwei volle Kaffeetassen. Sie war fast ebenso lang wie Kees und hatte die blonden Haare mit einer Kneifspange an ihrem Hinterkopf zusammengesteckt.

»Schön, dass du da bist«, sagte sie freundlich und begrüßte mich gleich mit den drei obligatorischen Küssen.

Ich hatte ein paar Blümchen mitgenommen und Kees überreichte ihr einen Umschlag. Holländer schenken gerne nur eine Kleinigkeit und am liebsten einen Gutschein. Damit kann man nie etwas verkehrt machen, und einpacken muss man den auch nicht. Im Laufe der Jahre habe ich einen dicken Packen solcher Bons gesammelt für Bücher, Konzerte, den Fremdenverkehrsverein und verschiedene Drogeriemärkte. Immerhin nahmen diese Präsente weitaus weniger Platz ein als die Sammlung von Kerzenständern und Handyhüllen, die im Schrank meines Bruders in Deutschland verstaubte.

Wir setzten uns. Kees neben Joke, die er lange nicht gesehen hatte, und ich neben die alte Tante – sonst war ohnehin kein Platz mehr frei. Sie war eine magere Frau mit zahlreichen Falten im Gesicht, die grauen Haare praktisch kurzgeschnitten. Sie hatte sich kurz aufgerichtet, um mir die Hand zu geben, hatte dabei »*Gefeliciteerd*« genuschelt und war dann wieder auf ihren Polsterstuhl zurückgesackt. Jetzt starrte sie stumm vor sich hin.

Da saßen wir nun. Über unseren Köpfen hingen Girlanden.

Ich hatte das dringende Bedürfnis nach einem Glas Wein. Stattdessen stellte jemand eine Tasse Kaffee und eine Cremeschnitte vor mich hin. Auf der kunstvoll aufgespritzten Sahne lag mitten in einer Rosette aus Zuckerglasur eine einsame Mandarine.

Selbstgebackene Kuchen erwartete ich schon längst nicht mehr bei einem holländischen Geburtstag. Schließlich ist dies einer der wichtigsten Tage im Jahr, und da erlauben sich Holländer etwas: Sie gehen zum Bäcker oder zur Hema. Aber nie wird eine ganze Torte mitten auf den Tisch gestellt oder gar zwei. Die Stückchen werden bereits in der Küche auf Teller verteilt.

Jahrelang hatte ich mit unterschiedlichsten Mitteln versucht, diese merkwürdigen Sitten zu unterlaufen. Ich schloss alle Stühle im Schlafzimmer ein, stellte Wein und Bier auf den Tisch, stand stundenlang in der Küche und fabrizierte die kunstvollsten Backkreationen.

»Und alles muss aufgegessen werden«, hatte ich immer zu meiner holländischen Familie gesagt, und es war schon fast eine Drohung.

Nudelsalat und Buletten auf den Tisch zu stellen, hatte ich irgendwann aufgegeben. Auf den herzhaften Partyköstlichkeiten blieb ich nämlich sitzen. Meine holländische Familie konnte so unnachahmlich fassungslos vor einem ausladenden Buffet stehen wie ein Vegetarier vor einem Schweinebraten. Sie warteten so lange, stumm, bis ich ihnen eine Tasse Kaffee und ein Stück Kuchen serviert hatte. Irgendwann fanden sie dann auch die Stühle im Schlafzimmer und bauten sich ihren Kreis.

Da saß ich nun. Das Verlangen nach einem Glas Wein wurde stärker. Der Kaffee vor mir hatte schon einen traurigen kalten Rand, die Sahne auf der Cremeschnitte wurde langsam gelb, die Glasur zeigte erste Risse.

Die alte Frau neben mir sah weiterhin starr vor sich hin und gab auf all meine Versuche, ein Gespräch in Gang zu bringen, nur einsilbige Antworten.

»Schade, dass es heute so regnerisch ist, sonst könnten wir draußen sitzen.«

»Ja, ja.«

»Wie aufregend, dass Holland im Finale steht. Schauen Sie auch Fußball?«

»Ja, sicher.«

Immerhin waren es zwei Wörter, so wie Holländer das schon von klein auf lernen.

Kees hatte schon ein Glas Wein vor sich, stellte ich neidisch fest. Ich wusste, ich musste erst mein Tellerchen leer essen und mein Tässchen leer trinken, bevor man mir etwas anderes anbieten würde. Ich starrte auf die Cremeschnitte. Die Sahne floss an den Seiten herunter, nur die Mandarine hielt tapfer stand.

»Unterhältst du dich gut?«, fragte Kees auf einmal.

Ich nickte. Hätte ich sagen sollen: Es ist stinklangweilig, ich will aufstehen und rumlaufen? Wer einmal in so einem Kreis sitzt, sitzt fest.

Schließlich trank ich den abgestandenen kalten Kaffee und würgte die Cremeschnitte hinunter. Und richtig, wenig später rief mir Maaike von der anderen Seite des Kreises zu: »Rot, weiß oder *fris*?«

Mit *fris* ist nicht etwa ein kühles, frisch gezapftes Bierchen gemeint, sondern ein nicht alkoholisches Kaltgetränk. Ich entschied mich für weiß.

»Das wurde auch Zeit«, sagte auf einmal die alte Frau neben mir, als ich mein Glas Wein bekam.

Ich meinte sogar den Anflug eines sarkastischen Lächelns zu erkennen. Aber ich hatte mich wahrscheinlich geirrt, sie sank wieder zurück auf ihren Stuhl und schwieg. Ab und zu nippte sie an ihrem Kaffee.

Die Gespräche in der Runde plätscherten munter vor sich hin. Es ging natürlich um Fußball und das bevorstehende WM-Finale. Die Schadenfreude über die deutsche Niederlage hielt sich glücklicherweise in Grenzen.

»Warum bist du eigentlich nach Holland gekommen?«, fragte mich auf einmal ein etwas untersetzter Mann in einer roten Hose quer über den Tisch hinweg. Es war einer der beiden Schwager. Koen hieß er, so meinte ich mich zu erinnern.

»Die Liebe«, antwortete ich.

Koen nickte befriedigt. »Und, hält die noch?«

Das war natürlich eine gemeine Fangfrage. Ich schüttelte lächelnd den Kopf.

»Oh, was ist denn passiert?«, mischte sich nun seine Frau Ingrid ein, eine runde Frau in einem Blümchenkleid, die sehr laut lachen konnte und das auch oft und gerne tat.

Nun verspürte ich wenig Lust, diesen wildfremden Menschen die Geschichte meiner Ehe ausführlich darzulegen. Dabei ist es völlig normal, dass in so einer Geburtstagsgesellschaft auch höchst private Dinge bekakelt werden. Jedenfalls lieber als Politik. Denn das könnte ja zu Kontroversen führen.

»Es ging eben nicht mehr«, sagte ich betont gleichmütig und hoffte, dass das Kapitel damit abgeschlossen war.

»Holländer und Deutsche passen eben nicht zusammen«, meinte Koen.

Und ich tappte wieder in die alte Falle.

»Wieso?«, fragte ich kämpferisch. »Es geht doch prima. Eigentlich sind wir ja eine Familie.«

Schweigen breitete sich aus. Auf einmal war es in dem Wohnzimmer im Polderdorf ungemütlich still. Alle sahen mich an.

»Das denke ich aber nicht«, ereiferte sich Koen. »Wir sind ein ganz eigenes Volk, mit eigenen Sitten und Gebräuchen.«

Nun sah auch Kees mich besorgt an. Er konnte mir wohl ansehen, dass ich ein bissiges Widerwort vorbereitete. Da fuhr sein Schwager Joep dazwischen.

»Leute«, ermahnte er uns, »es muss gesellig bleiben. Das ist schließlich ein Geburtstag.«

Schnell drehte sich das Gespräch wieder um andere Dinge. Ich wollte einen Schluck Wein nehmen, doch mein Glas war bereits leer. Auf dem Tisch standen keine Flaschen. Bei so einer Feier ist es nicht angebracht, sich selbst zu bedienen. Und um ein zweites Glas zu bitten schien unpassend. Das tat niemand.

Da hielt mir die alte Dame neben mir ihre Kaffeetasse hin. »Hier, gegen die trockene Kehle.«

Es ist nicht unbedingt meine Angewohnheit, aus fremden Tassen zu trinken, aber irgendetwas musste ich gegen den trockenen Mund tun. Außerdem war es eine nette Geste. Nun war das übermütige Glitzern in ihren Augen nicht mehr zu übersehen.

Ich nahm einen Schluck. Durch meine Kehle rann purer Jenever, mit einem Hauch von Kaffee.

»*Moet kunnen*«, sagte sie und grinste. »Eigentlich sind sie ganz in Ordnung. Das wirst du schon noch merken. Man gewöhnt sich an alles.« Sie klopfte dezent auf ihre schwarze Handtasche. »Man muss nur gut vorbereitet sein.«

Dann lehnte sie sich wieder zurück, leise lächelnd.

In mir breitete sich eine wohlige Wärme aus. Und die kam nicht nur von dem einen Schluck Jenever.

Und dann erklang doch noch der erlösende Ruf.

»Wo bleiben denn die *bitterballen*?«, rief Koen und entlockte den Gästen damit muntere Ausrufe des Entzückens.

»In Arbeit«, sagte Maaike.

Ich atmete auf. Das konnte doch noch richtig nett werden.

»Willst du denn nun in Holland bleiben?«, fragte Schwager Koen wenig später.

»Sei doch nicht so ungesellig«, zischte ihm seine Frau Ingrid zu. Er sah sie ein wenig schuldbewusst an.

»Kommt drauf an.« Ich grinste.

»Auf was denn, oder besser auf wen?«, fragte Koen und wies mit dem Kopf auf Kees. Der rutschte inzwischen leicht unruhig auf seinem Stuhl hin und her.

»Ach, Mann oder kein Mann, das ist doch unerheblich«, erwiderte ich. »Es kommt ganz allein auf die *bitterballen* an.«

Ingrid lachte sehr laut auf. »Meine Rede!«

Ich warf Kees einen beruhigenden Blick und einen klitzekleinen Kuss durch die Luft zu. Dann stellte Maaike tatsächlich eine große Schale mit den goldgelben Bällchen auf den Tisch.

»Ist das alles?«, murrte Koen. »Da fehlt doch wohl noch was.«

Er erhob sich und verließ den Raum. Wenig später kam er mit einer Jeneverflasche und kleinen Gläsern zurück. Er gab mir ein Glas und prostete erst mir und dann der alten Tante zu.

»Auf einem Bein kann man nicht stehen, was?«

Meine Nachbarin zuckte mit den Achseln und ganz leicht auch mit den Mundwinkeln.

»Was machst du hier eigentlich in Holland?«, fragte Maaike viel später.

Joep hatte inzwischen schon die zweite Ladung *bitterballen* in die Fritteuse geworfen, und der Tisch füllte sich mit weiteren Flaschen.

»Ich suche nach dem Geheimnis des holländischen Mannes.«

»Gibt es denn eins?«, fragte Maaike zweifelnd. »Die sind doch einfach nur *lekker makkelijk*.«

»Ich weiß es nicht«, antwortete ich, und das entsprach der Wahrheit. »Ich habe es jedenfalls noch nicht herausgefunden.«

Inzwischen hatte Kees mit Joke den Platz getauscht und saß neben mir.

»Sie forscht noch«, sagte er und legte den Arm um mich. »Und das kann dauern.«

Und dann drückte er mir einen dicken, fetten und lauten Schmatzer mitten auf den Mund, einfach so. Ich wurde knallrot. Und diesmal lag es nicht am Jenever.

»*Tot ziens*«, sagte die alte Tante, als wir uns spät in der Nacht verabschiedeten, ›auf Wiedersehen‹. Dabei sah sie mich fragend an.

»Wer weiß, vielleicht«, antwortete ich.

»Und, wie fandest du es?«, fragte Kees, als wir im Auto saßen. »Es war doch *gezellig*, oder?«

Ich nickte. Auf diese Frage gibt es in Holland nur eine Antwort.

»Sicher, sehr *gezellig*.«

Wolfgang Koydl

Bitte ein Brit!

Neue Abenteuer auf der Insel
Originalausgabe

ISBN 978-3-548-28176-6
www.ullstein-buchverlage.de

Seit über einem halben Jahrzehnt lebt Wolfgang Koydl unter Briten, doch »reif für die Insel« fühlt er sich keineswegs. Wie soll er das auch – in einem Land, das Exzentriker am Fließband produziert und in dem ein bizarres Abenteuer das nächste jagt? Ganz zu schweigen vom Autofahren auf der falschen Seite, den phantasievollen Preisen und dem phantasielosen Wetter. Wer in England überleben will, stellt Koydl fest, muss britischen Humor entwickeln. Besonders dann, wenn man eine russische Frau, eine pubertierende Tochter und einen singenden Hund an der Seite hat.

Fisch and Fritz relaoded – die Fortsetzung des Bestsellers!

»Wer immer vor Koydl England eroberte: die Römer, die Angeln, die Sachsen oder die Normannen – keiner tat es mit so viel Laune wie er.«
Süddeutsche Zeitung

UB562

ullstein